美國人帶路 美西 即刻出發！

Dr. Phoebe 著

在地人的美西視野，
帶你即刻輕鬆出發！

「美西是我們遲早會去的地方，你去那裡或許是因為想到『逃離』二字，或許因為山下埋有黃金，或許想在空曠療癒的鄉間長大，或許想養老，又或許那是你該去的地方。」——羅伯·潘·華倫（Robert Penn Warren，美國小說家）

美西一直以來代表著「夢想」，一群人帶著希望，翻山越嶺來到空曠無人的地域，渴望尋找在家鄉不曾找到的東西。從卡布里歐在 15 世紀第一次踏上美西的土地、1848 年的淘金客、到 21 世紀的你我，自由的空氣，蓬勃的脈動，愜意的腳步，外加可治癒眼淚的陽光，美西至今仍是不少人渴望朝聖的旅遊勝地。

雖然一般人對美西的刻板印象只有陽光、沙灘、比基尼和迪士尼樂園，其實美西暗藏著遼闊的山水和篳路藍縷的西部開拓史，其中洛杉磯這個西岸經濟政治中心的第一大城，景點更是多元豐富。

洛杉磯四季如春，平均氣溫攝氏 20 度左右，但日夜溫差大，高溫平均 24 度，夜晚最低溫平均 14 度。只要氣溫超出這個範圍，洛杉磯人就會叫苦連天。沿海地區如聖地牙哥、聖塔芭芭拉的氣候乾燥舒適，鮮少下雨。舊金山降雨量則比南加州多。越往東開的內陸地段，尤其國家公園的溫差更大，平均溫度 0 度到 32 度都有。

在美國落地生根近 20 年，我希望能用在地人視角，以洛杉磯為中心，帶你深入了解美西的壯闊與美麗。本書收錄景點都在離洛杉磯開車 8 小時以內的距離，北至優勝美地和舊金山，東至大峽谷和羚羊峽谷，有無數人文歷史和絕世美景，值得你親自探索。

感謝另一半和樹寶陪我上山下海找景點，也感謝時報出版幫助重新翻修本書，更感謝上帝帶我踏上寫作這條路。得以窺探欣賞祂所創造的美景，也讓生活在看診、旅遊和寫作間驛動，豐富我的人生。最後，這本書獻給我的虎媽。她是我的作文啟蒙老師，也是心靈低潮時最強大的後盾。

目錄

Part 1

出發前
不可不知

▶ 了解美西大小事

・時差和日光節約

　　加州遵行太平洋時間，冬天加州和臺北時差為 16 個小時，每年 3 月中至 11 月初將時間快轉一個小時，遵行日光節約時間，夏天時差就變為 15 個小時。美西平均日照時間從冬季最短 9 小時至夏日最長 15 小時都有。

時區	日光節約	冬天時間	夏天時間	地點
亞洲	無	12：00	12：00	臺北
太平洋時區	有	20：00	21：00	加州、內華達州
山區時間	無	19：00	19：00	亞利桑那州
山區時間	有	19：00	20：00	猶他州

▲ 美西時差一覽表（以臺北的午夜 12 點計算）

・美國國定假日

　　美國最大的三節是新年、感恩節和聖誕節，這幾個節日大部分餐廳會提早打烊或直接不開，政府機關和許多景點也不會開放，其他節日則視商家景點而論，若要在這幾個節日來美國遊玩，建議要先上網查詢想去的地方是否有開。

　　而且節慶前後的交通特別繁忙，機票較貴，反倒是節慶當天的車流會特別順暢，機票也便宜。有興趣的朋友可以考慮參加慶祝活動，感受在地節慶氛圍：

時間	節日	節慶活動
1 月 1 日	新年	帕薩迪娜花車遊行 P.56
1 月第三個禮拜一	馬丁路德紀念日	
2 月的第三個禮拜一	總統紀念日	
5 月的最後一個禮拜一	亡兵紀念日	
7 月 4 日	獨立紀念日（國慶日）	校園或公園會放煙火，Hollywood Bowl 會舉辦音樂會、放煙火；Long Beach 有海上煙火活動。
9 月第一個禮拜一	勞動節	
10 月 31 日	萬聖節	萬聖節不是國定假日，但 9 月中～ 10 月底會有萬聖節裝飾。可在南瓜園付費拍照或採摘南瓜等，推薦橘郡的 Tanaka Farms 或洛杉磯近郊 Underwood Family Farms。

時間	節日	節慶活動
11 月第四個禮拜四	感恩節	有些地方會舉辦 Turkey Trot 路跑活動,可搜尋 California Turkey Trot 查詢。感恩節的第二天是黑色星期五,商場到處都會有折扣,是血拚好時機。
12 月 25 日	聖誕節	11 月底～ 1 月初到處都會有聖誕燈飾,如葛洛夫購物中心 P.50、迪士尼樂園 P.82、環球影城 P.88、河濱市 P.191。 其他地區的聖誕節:舊金山南灣 San Carlos Christmas Lane(1900 Eucalyptus Ave)、洛杉磯 Monrovia 地 區(524 Valmont Dr)、Altadena 地區(Santa Rosa Ave and Mariposa St 交口)、聖地牙哥 Rancho Penasquitos 區域 Christmas Card Lane（Oveido St & Black Mountain Rd 交口）

▲ Hollywood Bowl 音樂會

▲ 舊金山南灣 San Carlos 聖誕燈

▶ 玩美西旅遊建議

· 預算分配

　　抓旅遊預算時,除了遊樂園門票,國家公園、美術館、博物館等費用相對平價,也有許多免費景點,如海景、天文臺、UCLA、蓋提等。

　　疫情過後通膨嚴重,食物費用增加不少。速食店一餐約在 $10 左右,平價餐廳早餐則在 $15 以下。午餐通常 $20 ～ $25,晚餐則 $30 ～ $40。餐廳標價都不包括稅和小費。若想控制吃的預算,可去超市買當季食材自製料理;美西的海邊、公園、遊樂園或其他景點都是絕佳的野餐地點。

• 辦理美國簽證

2012 年 11 月 1 日起,美國對臺灣實施「免簽證計畫 (VWP)」,申請美簽前,需先確認晶片護照的效期,以出發時間為準大於半年。現在造訪美國只要不超過 90 天,都可申請 ESTA 來美觀光,但切記必須在訪美 72 小時前申請。

ESTA 網站可點選中文介面,在網上將所有資料填好送出即可。若符合資格會酌收 $21 手續費,可在 2 年內無限制次數進出美國。

ESTA 官網:esta.cbp.dhs.gov/

• 機票淡旺季購買攻略

臺北和洛杉磯有直飛班機,若在美國的旅遊淡季前往,建議出發前 2 ~ 3 個月前購買機票。若在美國旅遊旺季,也就是暑假的 6 月底至 9 月初、寒假 12 月中到 1 月初,春假 3 月底至 4 月中這幾個時段前往美國,建議要在 3 ~ 6 個月前買好機票比較保險。買機票前除了參考各機票比價網站,美國網站曾做過調查,發現週二至週四購買機票比其他時間購買的價格來得低。

打算從南玩到北的朋友,也可考慮 A 點進 B 點出的方式,舊金山和洛杉磯都有直飛臺北的班機,比單點進出更能省下開車的時間和油錢。

• 入境流程注意

現在洛杉磯國際機場已經啟用方便的護照查驗機「Automated Passport Control」,根據機器指示點選語言為中文,接著回答海關申報單的問題、刷護照、按壓指紋、照相。最後領取收據後就可以去和美國海關對談。

美國的海關人員通常都很嚴肅,常問的問題不外乎來美目的(度假、出差),停留天數,下榻地點,工作,來美前去的國家,是否攜帶食物等。只要簡潔誠實的回答問題即可,不用太過緊張。

• 小費怎麼給?

在美國,只要有服務生幫忙點菜都要酌收小費,在收銀機前點餐並直接付費的商家則不需要。疫情後許多咖啡廳或速食店在點餐付款時都會詢問是否要給予小費,可隨個人喜好決定,不給也沒關係。

餐廳小費約為加稅前 15 ～ 20％，最少不低於 10％。若帳單上註明 Gratuity Included 則表示服務費已包括在內，就不用再給小費。美國服務生薪水非常低，大部分收入都靠小費賺取，在有服務生的餐廳內不給小費是很沒禮貌的行為喔。

· 住宿怎麼選？

好的旅館帶你上天堂，不好的旅館讓你想撞牆。旅途中擁有好的睡眠品質萬分重要。疫情後美國通膨物價調高不少，以下列出四種不同等級的住宿優缺點，提供在選擇住宿的考量（參考價格為淡季洛杉磯地區為主，實際價格請洽官網）或住宿比價網站。

A. 四到五星級飯店，擁有歷史典故的特色旅館（$650 以上）

四、五星級酒店大家都耳熟能詳，例如半島、四季、麗池卡登、W 酒店等。歷史性特色旅館常成為城市的象徵與經典，例如洛杉磯的比佛利酒店和聖地牙哥的克羅納多酒店，這類高價位奢華型酒店從服務到排場，都有一定水準。

B. 三星級商務酒店，連鎖式旅館，精品酒店（$250 ～ $350）

美國中產階級家庭旅行首選，方便安全且價格親民，包括 Holiday Inn、Best Western、Hilton、Marriot 等。精品酒店則更有當地獨特風味，走袖珍精緻型，通常由當地人經營，其他地方也不易看到。

C. 含早餐的民宿（Bed & Breakfast）或家庭旅館（$200 ～ $300）

民宿主人會將家中空房重新整理並出租，再搭配讓你飽到不行的早餐，也會分享在地玩樂和餐廳資訊。可參考 Bed and Breakfast 或 Select Registry 網站。

D. 華人民宿、青年旅館、出租公寓（200 美元以下）

華人民宿通常位於洛杉磯市區以東的華人區，離景點相對偏遠也不順路，要先確認好位置；青年旅館會和其他旅客分享房間、衛浴共用，越多人一間越便宜，可參考 Hostel World 網站；若多人同行，出租公寓是最划算的方案，還能自行烹調食物省下外食花費，可參考 Vrbo 或 Airbnb 網站。

· 飯店注意事項

美國的飯店早餐往往分成兩種，熱早餐 Hot Breakfast 和冷早餐 Cold Breakfast。若附在房價裡，一、二星級住宿通常提供冷早餐，包括優格、牛奶、水果、能量棒、吐司等。三到五星級則有熱早餐，包括炒蛋、香腸、鬆餅

等。旅館清潔也有給小費習慣，以雙人套房來說，通常一到三星級飯店 $2 ～ $3，四五星級飯店 $5。若不需清潔人員進來打掃可掛上「請勿打擾」（Do Not Disturb）牌子，省下小費之餘，也幫助酒店節省換洗床單開銷。若飯店人員幫忙提拿行李，小費約 $1 ～ $3，視行李多寡而定。

▶ 美西跑透透交通攻略

• 租車須知

玩美西最推薦也最方便的方式莫過於租車自駕，但要先去臺灣的監理所辦理國際駕照。在美國時，臺灣駕照正本和國際駕照都要隨身攜帶。國際駕照有效期限為 3 年，或是下次臺灣駕照過期時。

從單一機場取車和還車最方便省時，但要付機場稅。A 機場拿車、B 機場還車則又再貴一些。最便宜的方式是在機場以外的地方拿車和還車。

建議出發前上網預訂車輛，老字號的租車品牌有 Enterprize、Hertz、Budget 等。若必須臨時租車，國際機場也有租車專櫃，只是價格較高。週末還車或拿車會比平日價位來得高。

加州法律規定 25 歲以上才能租車，且租車公司大都要求以信用卡付款。下訂前可參考租車網站 Autoslash 查詢最低價。Car Rental Express 和 Sixt 也是在地許多人使用的租車網站，也可使用 APP 如 Turo 或 Zipcar 進行租車。

一般來說 2 ～ 4 人基本款為都會小型（Compact）或經濟小車（Economy）。若行李較多可升等為中型轎車（Midsize）或標準轎車（Standard）。若打算開長途去國家公園則推薦休旅車（SUV 或 Van）。想體驗奢華明星感受也可考慮敞篷車（Convertible）。

還車前記得加滿油，否則租車公司會以較貴的油價計算，即便只有半桶也算一桶油的價錢。在美國除了隨處可見的加油站，高速公路各出口也有附設加油站。

在美國加油都是自助式，付款方式有兩種，一是現金交易，先在櫃檯寄放現金，告知櫃檯在幾號加油站加油，加油完畢後拿收據或零錢。每輛車耗油量不一，通常若只加半桶，我會先放 $30，若要加到一整桶大約要 $60。第二種方式則是用信用卡結帳，但油價會高一些。

• 停車須知

在洛杉磯停車是不小的問題，若選擇路邊停車請仔細看好標示，上面會告知哪些時刻可以停車、最多可停幾小時等，以免被開罰單。紅線、黃線都不可任意停

車，綠線只允許短時間臨停。

　　停車位旁邊若有停車計時器，可用銅板或信用卡付費，一般來說能停 2 小時。若沒停車計時器也沒特別標示「不可停車」，也不是紅黃綠線，就是最難得的免費停車位。

　　某些餐廳或商場也提供代客泊車（valet）服務，除了公告的停車費，也要在拿車時另外給服務生 $2 ～ 3 小費。某些商場會提供 validation 折價停車，在特定店家消費請店家蓋章或索取購物證明，即可拿到折扣的停車費用。

　　萬一不幸在美國被開罰單，可依罰單上的指示上網付罰款。若離開美國前沒機會交罰款，在你還車後，租車公司會被通知並替你繳交罰單費用，除了直接扣在你的信用卡上，還會再收一筆手續費。

· 租車保險

　　為了安全考量和以防萬一，租車時建議至少保以下 a 和 b 兩種保險。出發前可詢問信用卡公司是否有國際租車保險的福利，再決定是否多加保險。

a. **Loss Damage Waiver（碰撞意外免責，簡稱 LDW 或 CDW）**：遇到意外時，租車公司不向承租人索賠費用。

b. **Supplemental Liability Coverage（個人延伸保障險，簡稱 SLC 或 PEP）**：意外發生時保險公司幫你賠償對方的費用，通常最高金額為一百萬美金。

c. **Personal Effects Coverage（竊盜損失險）**：保險公司賠償車中不幸被偷竊或車禍中被損毀的財物。

d. **Personal Medical Coverage／Personal Accident Insurance（意外醫療險，簡稱 PAI）**：意外時，保險公司針對駕駛或乘客傷亡給予賠償。

▲ 高承載車道 Carpool Lane

· 行車注意事項

　　在美國紅燈可以右轉。和臺灣相比，加州道路較寬車速也較快，勇猛的洛杉磯人常會開到限速外加 10 英里左右。美國時速比臺灣更高，高速公路每小時約 65 英里，市區大馬路為 35 ～ 40 英里，住宅區巷弄則為 20 ～ 25 英里。高速公路行駛時若兩人以上同行，可用左線道

的高乘載車道（Carpool Lane）來避開車流。時速以右邊指示牌為主，限速 5 英里上下算安全範圍。不確定車速也可參考附近車流速度。推薦使用導航 APP，如 Google Map、Waze。

其他行車相關的加州法律，則有行車中駕駛和所有乘客都須繫安全帶，孩童必須有符合的汽車座椅。腳踏車和行人在任何時候都有絕對優先權，必須禮讓。酒駕罰很嚴：血液中酒精濃度的標準要 0.08％以下。若被抓到會被吊銷執照，交付高額罰款，還可能被關！

洛杉磯有幾條主要的高速公路，包括貫穿南北的 405 公路，橫跨東西的 10 號公路，直達北加州的 101 公路，以及直切市區的 110 公路。洛杉磯時報報導，這幾條路常是全美交通最糟的地方，尖峰時刻要穿越洛杉磯東邊到西邊通常得花 1.5 小時，安排行程時須多加留意。

普通塞車時間（比正常狀況多 1 倍開車時間）	平日早上 07：00 ～ 10：00
	平日下午 15：00 ～ 19：30
超級塞車時間（比正常狀況多 2 倍開車時間）	週五下午 14：00 ～ 20：00
	國定假日前後
	下雨或天候不佳時

▲ 建議避開的尖峰時刻

· 大眾運輸工具

火車 Amtrak

在美西旅行不建議全程用大眾運輸工具。若時間充裕又對鐵路旅行有興趣，可用美鐵 Amtrak 玩美西並搭配短程租車。事先於美鐵網路購票，搭乘時將列印出來的票交給車掌掃描即可。可沿海岸線看海，北走去山脈，或往東走看仙人掌，讓你體驗美西的地大物博。

列車	停靠景點	車上設施
太平洋海岸線列車 Pacific Surfliner	聖塔芭芭拉、洛杉磯、迪士尼 Anaheim、聖地牙哥。	Wifi、輕食
星光海岸列車 Coast Starlight	西雅圖、波特蘭、舊金山、聖塔芭芭拉、洛杉磯。	Wifi、臥鋪、餐點服務、輕食餐車
西南酋長列車 Southwest Chief	洛杉磯、亞利桑那州 Flagstaff（離紅岩小鎮、大峽谷 1.5 小時）、大峽谷接駁站（Williams Junction）、芝加哥。	臥鋪、餐點服務、輕食餐車

輕軌列車 Metro Line、公車 Bus、長程巴士 Megabus

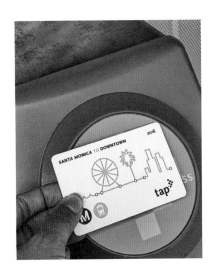

　　輕軌電車系統以市區為中心延伸出許多路線，Metro 的儲值型票卡 Tap Card 用法和捷運悠遊卡一樣，在機器上輕掃即可轉車。電車站都有自動販賣機，首次購買須多加 $1 押金。

　　Tap Card 適用於 Metro 輕軌和公車系統、東區 DASH 公車和西區 Big Blue Bus。有興趣者請洽官網（搜尋 Tap Card）。不過在疫情後，洛杉磯的輕軌列車常有遊民和吸毒者出沒，不少車站還會大肆播放古典音樂好讓吸毒者離開，搭乘時請小心安全。

	票價	相關景點
Metro 輕軌列車	$1.75 一趟、$5.00 一天、$18 一週	紅線：好萊塢、星光大道、環球影城 黃線：中國城、小東京、華人區亞凱迪亞 深藍線至綠線：洛杉磯國際機場 淺藍線：USC、聖塔莫尼卡
Metro 系統公車	$1.75 一趟、$5.00 一天、$18 一週，可用現金但不找零	洛杉磯郡立美術館、市中心、聖塔莫尼卡海灘、UCLA、蓋提美術館、漢庭頓圖書館、比佛利山莊、葛洛夫購物中心、環球影城、星光大道、格里斐斯天文臺
東區 DASH 系統公車	$0.50 一趟、Tap 價 $0.35、$5.00 一週、可用現金但不找零	洛杉磯市中心、好萊塢星光大道地區
西區 Big Blue Bus 公車	$1.25 一趟、Tap 價 $1.10、$4.00 一天、$14.00 一週、可用現金但不找零	UCLA、聖塔莫尼卡海灘

　　除了上述大眾交通工具，若時間多又想省錢，也可考慮長距離私人巴士 Megabus，有停靠舊金山、賭城等，在洛杉磯聯合車站 Union Station 的中轉廣場 Patsaouras Transit Plaza 搭乘。有時官網甚至會推出一趟 1 美元的折扣票（搜尋 Megabus）。

▲ Shake Shack

▲ 來美國一定要吃漢堡！

▶ 別錯過這些美西之「最」

3 個洛杉磯免費賞城市全景地點

- 市政廳：日景（p.67）
- 蓋提博物館：日景（p.38）
- 格里斐斯天文臺：日、夜景（p.77）

3 個洛杉磯賞夕陽地點

- 聖塔莫尼卡（p.26）
- 馬里布海灘（p.32）
- 格里斐斯天文臺（p.77）

10 個美西旅行必備 APP

- Google Map：地圖查詢
- Google Translate：翻譯功能
- Yelp：美食查詢
- Tripadvisor：景點和住宿查詢
- OpenTable：迅速預約當地熱門餐廳
- Uber 或 Lyft：優惠價格的計程車

▼ In N Out

- Hotel Tonight：預定當晚或臨時住宿
- Rentalcars.com Car Hire：租車公司比價，幫助選擇最優惠方案
- Seatguru：飛機選位 APP，輸入班機日期和號碼就可選到最舒適的位子。
- Tip Calculator Free 或 Tip Check-Tip Calculator：小費計算，選定服務項目和價錢就告知小費價格，附多人分帳功能。

4 間必吃在地漢堡

- In N Out：南加州起家，有近 50 年歷史。大推 Animal Style（特製調醬配烤洋蔥）手工薯條和漢堡。李安拿到奧斯卡獎後的第一餐就是這裡！
- Shake Shack Burger：來自紐約的連鎖店，號稱使用無賀爾蒙和抗生素的純牛肉。可嘗試松露或香菇口味漢堡。薯條酥脆，總和 In-N-Out 打對臺。
- Five Guys：獲獎無數、歐巴馬總統最愛，可客制化配料和醬料，大推 Cajun 口味手工薯條。
- The Habit：聖塔芭芭拉起家，曾榮登「全美最好吃漢堡」。薯條種類多元，有地瓜薯條和四季豆薯條。

▲ The Habit 的地瓜薯條

4 間推薦的美式連鎖餐廳

- Cheesecake Factory：獲獎無數的美式餐廳，以海綿般口感的起司蛋糕聞名。
- Olive Garden：連鎖義式餐廳，餐點大份，無限量供應麵包及沙拉。
- California Pizza Kitchen：加州式披薩，有泰式雞肉或蒜味雞等創意口味。
- El Toritos：加州起家的墨西哥連鎖餐廳，推薦瑪格麗特披薩。

▼ Trader Joe's

▼ Erewhon 的新鮮熟食很方便

5 家超好逛超市

- Trader Joe's：中價位，料好實在，除了蔬果，也推薦自有品牌的美式零食和冷凍食品。
- Whole Foods：高價位，有機食物的殿堂，可買到各國料理。
- Erewhon：高價位，新興的有機健康超市，每日提供新鮮熟食。
- Vons：選擇多樣的平價超市。
- 大華 99：低價位，海外遊子最愛，可買到泡麵、米飯，注意買有家鄉味的食材前，要確認新鮮度。

3 家不可不喝的咖啡店

- The Coffee Bean & Tea Leaf：洛杉磯起家的手工烘培咖啡，原味冰咖啡 Original Ice Blended Coffee 最受歡迎。
- Philz Coffee：舊金山起家的混搭式咖啡，收集來自 30 多國的咖啡豆，薄荷咖啡 Mint Mojito 最有名。
- Peet's Coffee：旗艦店在加州柏克萊大學附近，以深沉口感的深度烘培咖啡聞名。

3 家超好逛百貨公司

- Macy's：親民型百貨，有許多大型品牌，如 Michael Kors、Calvin Klein、Tommy Hilfiger、Coach 等。
- Nordstrom ／ Nordstrom Rack：精品折扣百貨，有時折扣到 3 折以下。
- Bloomingdales：比 Macy's 高檔一些，有高價位名牌如 Ralph Lauren、Burberry、UGG、Ferragamo、Longchamp 等。

▲ 洛杉磯天使隊球場

3 個買球賽或演唱會票的推薦網站

若臨時想看演唱會或球賽可在這幾個網站挖寶，價格可能比官網票高或低，也會有手續費，須多多比價，但若交易成功就能保證拿到位子。

· Stubhub：和美式足球 NFL、籃球 NBA 合作。
· Vivid Seat：和 ESPN、滾石合作。
· Ticketmaster：全球知名度比其他兩家高。

8 個美國潮牌

· Sephora：美國版美妝店，從平價到高價的品牌都有。
· Tory Burch：紐約起家的時尚品牌，舒適好穿芭蕾平底鞋最有名。
· Kate Spade：從衣服到皮夾都廣受歡迎的品牌。
· Best Buy：美國版光華商場，3C 殿堂，建議先在官網比價。
· Nike：耐用好穿的球鞋，無論是本店或 Outlet 買都划算。
· Levi's：舒適耐穿的牛仔褲。
· Lululemon：質感舒適又好穿的瑜珈服。
· GAP：隨興休閒，棉質尤其受歡迎。

Part 2

洛杉磯

Los Angeles

「在洛杉磯，每個人都是巨星。」
—— 丹佐華盛頓

▲ 摩天輪

洛杉磯西區

▶ 聖塔莫尼卡海灘碼頭＆威尼斯海灘

聖塔莫尼卡海灘碼頭＆威尼斯海灘
Santa Monica Pier & Venice Beach

建議遊玩時間：3 小時～半天
推薦造訪時段：早晨（避開尖峰時刻）
或黃昏前 1 小時來看夕陽

　　有 100 多年歷史的聖塔莫尼卡海灘一直是南加州最熱門海灘之一，從這裡騎單車 15 分鐘或步行 1 小時，便可到最有藝術氣息的威尼斯海灘。

　　海灘碼頭右邊是電影《阿甘正傳》的 Bubba Gump Shrimp，《鐵達尼號》和《鋼鐵人》也都在此取景。左邊則可看到橫跨美國 Route 66 終點標誌。面對大海，於左邊下樓梯會看到腳踏車步道。回頭看碼頭最大指標「摩天輪」，不但是環保的太陽能發電，也是熱門的定情和求婚地點。

第三街逛街區

週間停車車庫

Bubba Gump Shrimp

腳踏車租車行

肌肉海灘

週末停車車庫

聖塔莫尼卡碼頭

威尼斯人行步道

威尼斯小運河

威尼斯海灘

蓋提博物館　比佛利山莊
UCLA 大學城
馬里布海灘
聖塔莫尼卡海灘碼頭
葛洛夫購物中心
蓋提莊園別墅　威尼斯海灘
威尼斯小運河
洛杉磯國際機場

▲ Route 66 終點標誌

▲ 威尼斯小運河

　　沿腳踏車道往南，感受徐徐海風吹來，就來到肌肉海灘 Original Muscle Beach，這裡有無數鐵環供你鍛鍊肌肉和大秀馬甲線，繼續騎 10 分鐘就抵達威尼斯海灘，這裡的街頭藝術盛行，濃郁的大麻味搭配街頭音樂表演和噴漆塗鴉，處處展現浪蕩不拘的波西米亞風，有時間可到海邊步道 Boardwalk 走走。

　　附近的洛杉磯小威尼斯運河不但是美國國家史蹟名錄之一，也是電影《情人節快樂》男女主角在橋上接吻的地點。騎完車後，可步行到附近的第三街大道 Third Street Promenade 逛街購物。

聖塔莫尼卡海灘碼頭 Santa Monica Pier

📍 200 Santa Monica Pier, Santa Monica, CA 90401 ☎ （310）458-8901 🅿 1. 車庫（1431 2nd St, Santa Monica）1.5 小時免費，平日 2 小時 $2、3 小時 $5，之後按時間追加。一天不收超過 $20。週末 3 小時 $6，一天不超過 $25。離碼頭約步行 2 分鐘。2. Civic Center 停車場（333 Civic Center Dr, Santa Monica）：平日 30 分鐘以下免費，1.5 小時 $1、3 小時 $4、一天不超過 $14。週末 $5 停到飽，離碼頭步行 10 分鐘。

▲ 肌肉海灘

租借腳踏車 The Bike Center Santa Monica

💲 單車 2 小時 $20、半天 $25、全天 $30（包括安全帽、安全鎖、地圖），可上網預購（搜尋 Bike Center Santa Monica）🕘 09：00 ～ 18：00（隨季節更動）📍 1555 2nd St, Unit A, Santa Monica, CA 90401 ☎ （310）656-8500

⚠ 建議先還腳踏車再去第三街逛街，減少租借時間。碼頭上有小型遊樂園，設施普通價格還有點貴，有興趣的人再參考看看。

▲ 聖塔莫尼卡夕陽

聖塔莫尼卡美食 & 住宿 | 🍽 🏠

Gilbert's El Indio Restaurant 墨西哥菜

推薦 Carne Asada 牛排和 Carnitas 豬肉墨西哥捲餅 Burrito，裡面會加肥美的酪梨。可向店家索取無限量供應的胡蘿蔔、墨西哥脆餅和莎莎醬。

💲 $15 起 🕐 週一～六 08：00～21：00、週日 08：00～14：00 📍 2526 Pico Blvd, Santa Monica, CA 90405 📞（310）450-8057

Milo & Olive 義大利料理

　天然在地的當季食材，還有超好拍網美牆，以披薩和麵包糕點著稱，好吃到曾被米其林加州指南推薦。

$ $20 起　**🕐** 07：00 ～ 22：00　**📍** 2723 Wilshire Blvd, Santa Monica, CA 90405　**📞**（310）453-6776

Sweet Rose Creamery

　以有機雞蛋和牛奶為原料，聖塔莫尼卡在地製作的手工冰淇淋，口感綿密。

$ $4 ～ 5 ／支　**🕐** 週一～四 15：00 ～ 22：00、週五日 13：00 ～ 23：00　**📍** 2726 Main St, Santa Monica, CA 90405　**📞**（310）260-2663 # 2

Quality Seafood Inc. 生猛海鮮老店

離威尼斯海灘約半小時車程，1953 年就佇立於此的老店，號稱擁有西岸最多樣的海鮮店家。可自行點選海鮮由店家烹煮，也可單點海鮮三明治或濃湯。用槌子敲殼享受豪邁的海鮮體驗！若週末前來，建議 11 點前抵達，否則可能一位難求。

$ 視海鮮種類和分量而定，熟食一份約 $20　**🕐** 週一～四 10：30 ～ 19：00、週五～日 09：30 ～ 19：00、週六 09：30 ～ 20：00　**📍** 130 S. International Boardwalk, Redondo Beach, CA 90277　**📞**（310）372-6408

C&O Trattoria 義式料理

威尼斯海灘旁的露天餐廳，料好實在的海鮮義大利菜，無限量免費供應熱騰騰的蒜味麵包，菜色建議多人分享。

$ $25 起　**🕐** 週一～四 17：00 ～ 21：00、週五 17：00 ～ 22：00、週六 12：00 ～ 22：00、週日 12：00 ～ 21：00　**📍** 3016 W Washington Blvd, Marina del Rey, CA 90292　**📞**（310）301-7278

▲ 低調隱密的外觀

▲ 旅館大廳

The Ambrose Hotel

四星級酒店，環境低調安靜，酒店備品使用有機天然產品。

$ $305 起，外加 $25 設施費用 ♀ 1255 20th St, Santa Monica, CA 90404 ☎ （310）315-1555 ⬥ Wifi、免費早餐、有機咖啡、24 小時健身房、免費腳踏車租借、每日傍晚提供免費當地酒類飲料、免費特斯拉接駁去離酒店 3 英里內的地點 🅿 每晚 $35

Shore Hotel

地點便利，位於海灘旁的綠能四星酒店，部分房型有海景。

$ $214 起，外加 $35 設施費用 ♀ 1515 Ocean Ave, Santa Monica, CA 90401 ☎ （310）458-1515 ⬥ Wifi 須另外付費、健身房、室外泳池、商務中心等 🅿 專人停車 $50，若停附近的 Public Parking Structure 1 停車場則一晚 $20 ～ $25 美元

Fairmont Miramar Hotel & Bungalows

低調奢華的五星級酒店，步行可至海灘，部分房型有海景。

$ $619 起、設施費用 $51 ♀ 101 Wilshire Blvd, Santa Monica, CA 90401 ☎ （310）576-7777 ⬥ 無線網路、冰箱、早餐是簡單的咖啡和水果，專人停車 $51，可停附近的 Public Parking Structure 1 停車場

馬里布海灘 Malibu El Matador Beach

建議遊玩時間：1 小時～半天
推薦造訪時段：早晨或黃昏前 1 小時來看夕陽。
週末建議 8 點左右到才有停車位，平日則避開上
班尖峰時間。

　　21 公里長的馬里布海灘由許多州立公園組成，
比起南加州其他海邊相對安靜，也是好萊塢大
明星的最愛。馬里布最知名的鬥牛士海灘（El
Matador Beach），是時尚雜誌的拍攝熱門點，
也是電影《手札情緣》裡女主角對男主角高聲大
喊「我是一隻小鳥」的場景。

　　停車後就可找白色樓梯，馬里布海灘到處都有
這種樓梯，相較其他海灘的停車場與海邊相連，
這種方式更保有了天然環境。一下樓梯就會看到

鬥牛士海灘出名的岩壁，不怕濕的朋友可從左下角的洞鑽去追浪，繼續沿著岩壁後方前進，一波波浪潮打在礁岩上，譜出最美的節奏，會令人忍不住讚嘆造物主的細膩，配上海鷗恣意地飛翔，就是南加州最天然的奢侈風光。時間充裕的話也可前往另一個方向的祖瑪海灘（Zuma Beach），有許多可愛的海邊度假小屋。

🕐 08：00～日落時分　📍 32350 Pacific Coast Hwy, Malibu, CA 90265　📞（818）880-0363　🅿 一天 $8。先到機器繳費再把票券放擋風玻璃上。若停滿也可考慮路邊停車。　⚠ 推薦與同在 1 號公路上的蓋提莊園搭配成一日遊，離馬里布 30 分鐘車程。

馬里布美食 ｜ 🍴

Malibu Seafood
馬里布海鮮小吃

　　推薦用半熟的新鮮鮪魚肉做成的漢堡 Ahi Tuna Burger，炸魚三明治 Fried Fish Sandwich，巧達濃湯 New England Clam Chowder，以及清蒸生猛海鮮 Fresh Steamed Seafood。

💲 $10 起　🕐 11：00～20：30　📍 25653 Pacific Coast Hwy, Malibu, CA 90265　📞（310）456-3430

Malibu Farm Restaurant
馬里布海景餐廳

　　標榜新鮮有機和在地食材的海景餐廳，鳥籠般的裝飾外加慵懶放鬆的氛圍，享受美食之餘也適合拍照和放空。白天不接受訂位。

💲 早午餐 $20～$30、晚餐 $30～$40　🕐 週一～五 11：00～20：00、週末 09：00～20：00　📍 23000 Pacific Coast Hwy, Malibu, CA 90265　📞（310）456-2852

▲ UCLA Royce Hall

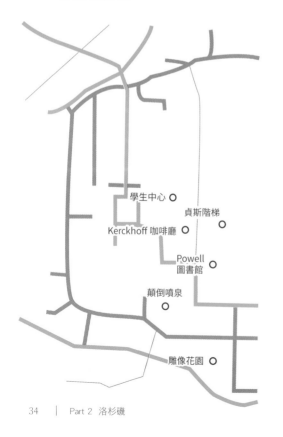

學生中心 ○
貞斯階梯
Kerckhoff 咖啡廳 ○
Powell ○
圖書館
顛倒噴泉 ○
雕像花園 ○

加州大學洛城分校 UCLA

建議遊玩時間：半天
推薦造訪時段：週末人潮較少

　　UCLA 一直是全美最多人申請的大學。不但全世界大學總排名第 14，附設醫院也是全美第 3，西岸第 1。請隨著我這名資深校友腳步，來逛全美人氣最旺的大學。

　　由 Ackerman 學生中心的廣場為起點，左邊是代表 UCLA 的小熊雕像。UCLA 向來和南加大 USC 是宿敵，每到球賽開打就會將小熊保護起來，以免被南加大學生噴漆毀壞。左轉於 Bruin Walk 可看到 Pauley Pavilion 體育場，每年大一迎新會的地點，歐巴馬總統曾在此舉辦造勢

◀ UCLA

▲ 小熊雕像

▲ UCLA 醫院　　　　　　　　　　▲ 貞斯階梯　　　　　　　　　　▲ Royce Hall

晚會。門口雕像是明星教練約翰伍登，紀念他曾帶領學校連續 7 年拿下美國大學籃球賽總冠軍。於 Bruin Walk 往回朝西走，左轉於 Royce Dr，右邊看到貞斯階梯 Janess Steps，爬至頂端可眺望比佛利山莊。

背對階梯，噴泉後看到以人文科系為主的北校園，右邊是包威爾圖書館 Powell Library，左邊是羅斯大廳 Royce Hall，是當初建校時的四大原始建築之二。羅斯大廳內禮堂有 6,600 管的管風琴，許多名人如愛因斯坦、甘迺迪總統及希拉蕊柯林頓國務卿都曾在此發表演說。穿過大草坪，左轉於 Portola Plaza Dr，步行 5 分鐘就會碰到雕像花園，裡面放置著 19、20 世紀有名的雕像，夜晚也是學生談情說愛的地方。

回 Portola Plaza Dr 往南走，前往以理工科系為主的南校園，步行 8 分鐘後會碰到顛倒噴泉，靈感來自黃石公園的溫泉。往西走穿過心理學系和數學系大樓，會在右邊看到學生最愛的 Kerckhoff Coffee House，晚上會舉辦免費的爵士樂表演，也是電影《金法尤物》取景地。咖啡廳旁是起點學生中心。

從學生中心沿著 Westwood Blvd 往南走，會在右邊看到 UCLA 醫療體系的龍頭總院 UCLA Ronald Reagan Hospital，以雷根總統命名。它在美國醫學史上的貢獻功不可沒，包括第一位診斷出愛滋病的醫生、第一家使用正電子掃描 Pet Scan 判讀腦部掃描。最重要的是旗下藥理學家成功將一氧化氮與藥物做結合，製造出名為西地那非 Sildenafil 的強大藥物，一舉拿下諾貝爾獎。此藥研發是 UCLA 之光，我聽好幾個教授講過，教授說評委都是群老男人，這個藥物大大造福他們，這才是獲獎的真正原因。

忘了提，這個藥還有個名字，它叫作威而鋼。

📍 308 Westwood Plaza, Los Angeles, CA 90095　📞（310）825-4321　🅿 Parking Structure 8（555 Westwood Plaza）和 9（675 Charles E. Young Dr）離 Ackerman Union 最近，1 小時 $4、每天 $15
🔺 沿 Westwood Blvd 往南走可到大學城大啖平價美食。

UCLA 大學城美食 | 🍴

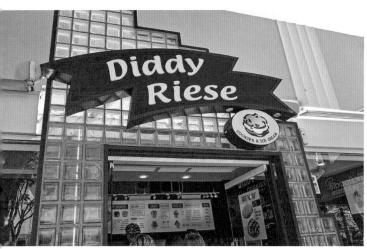

▲ 冰淇淋三明治

Diddy Riese 餅乾店

　　學生最愛的餅乾店，大推冰淇淋三明治、巧克力碎片 Chocolate Chips 和白巧克力夏威夷果 White Chocolate Macadamia Nut 口味的餅乾。

💲 一塊餅乾 $0.75、六塊 $ 4.00 美元、冰淇淋三明治 $4.50。　🕐 週日、週二～四 12：00～23：00；週五～六 12：00～00：00　📍 926 Broxton Ave, Los Angeles, CA 90024　📞（310）208-0448

Gushi 韓式快餐

　　口味道地、分量大的平價韓式烤肉，大推 Bulgogi 或 Kalbi。

💲 $15～$20　🕐 週二、週四～週日 11：00～22：00；週一、三 11：00～21：00　📍 978 Gayley Ave, Los Angeles, CA 90024　📞（310）208-4038

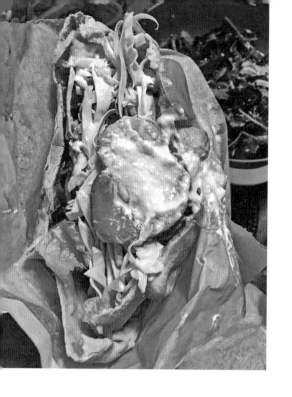

Bella Pita UCLA 中東菜

　由中東餅皮 Pita 包肉，自助式蔬菜和新鮮香料無限量供應，招牌是健康美味的 Wowshi 三明治。

$ $10 起　**◔** 週日～二 11：00～23：00，週三～六 11：00～02：00　**♀** 960 Gayley Ave, Los Angeles, CA 90024　**☎**（310）209-1050

Lamonica's NY Pizza 紐約式披薩

　由 1980 開店至今，從紐約布魯克林工廠製作披薩餅皮，每週空運來洛杉磯，做成薄又 Q 的紐約式披薩，咬一口會讓人以為身在紐約。

$ 一片 $5 起　**◔** 週一～三 11：00～22：00；週四～五 11：00～23：30；週六 11：30～23：30；週日 11：30～22：00　**♀** 1066 Gayley Ave, Los Angeles, CA 90024　**☎**（310）208-8671

蓋提博物館 Getty Center

建議遊玩時間：4 小時起
推薦造訪時段：平日、避開尖峰時間

　　石油大亨保羅蓋提曾開玩笑地談他致富的方法：早起、工作、打石油。他設立的蓋提信託基金斥資 42 億美金，是全世界最富有的藝術機構。蒐集的藝術品多到裝不下，只好蓋兩個博物館來裝。古希臘和古羅馬藝術品置於義式莊園別墅 Getty Villa，中古世紀後的作品則放置於蓋提中心 Getty Center。

　　一般人待在博物館的時間平均為 2 小時，來到蓋提中心卻是 4 小時起跳。不同於傳統博物館的陰暗密閉，建築師 Richard Meier 以窗景作為靈感，讓參觀者不但欣賞藝術品，更能在各個轉角看到洛杉磯西區專屬的美麗窗景。入口進去有兩

▲ 入口大廳

▲ 石頭噴泉

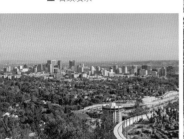

▲ 洛杉磯西區全景照

▲ 室外花園

▲ 仙人掌花園

▲ 梵谷的《鳶尾花 Irises》

條路,一條直通室內博物館,另一條則到室外花園。

我們先來到博物館內部,推門進去,自然光線流露於乳白色建築大廳。想要聽詳細藝術品解說,可押證件拿免費耳機(有中文導覽)。庭院區可看到東西南北四館,石頭噴泉旁栽種楓樹,在這裡就有數十個不同窗景能讓你拍照打卡。往西走,穿過南館和西館,可以欣賞洛杉磯西區全景。沿著階梯往下來到仙人掌花園 Cactus Garden,這裡有比人還高的巨大仙人掌。館內將中古世紀的珍藏展示於北館,17 到 19 世紀藝術品置於東館和南館,19 世紀後的作品置於西館,西館 2 樓的梵谷的《鳶尾花 Irises》和莫內《盧昂大教堂》是絕對不能錯過的展品。

$ 免費,需事先於官網預約。 🕐 週二～五、日 10：00 ～ 17：30；週六 10：00 ～ 20：00 📍 1200 Getty Center Dr, Los Angeles, CA 90049 📞 (310)440-7330 🅿 附設停車場 $20(15：00 後 $15),繳一次費用同天也可停莊園別墅,記得在服務臺拿 coupon 證明,才能在另一地點免費停車。 ⚠ 在 Lower Tram Station(T1)轉乘免費列車 Getty Tram。搭乘大眾運輸,出示當天使用的 Tap Card,可在蓋提紀念品店打 9 折。

▲ 迷宮花園

▲ 免費列車車站

蓋提莊園別墅 Getty Villa Museum

建議遊玩時間：2.5 小時起
推薦造訪時段：平日，避開交通尖峰

　　蓋提希望還原 1 世紀的古羅馬別墅建築 Villa of the Papyri，讓就算身處於洛杉磯也能觀賞到義大利式建築。來到入口大廳，天窗設計給予自然採光之餘，還將雨水收集到蓄水通道中。通過大廳直走來到露天內院 Inner Peristyle，植物花卉都是古羅馬時期栽種的品種。

　　穿過內院繼續往東走，來到東邊花園 East Garden，也是別墅中最隱密的地方。馬賽克瓷磚搭配園中的蓮花，視覺上相當消暑。在此休息片刻後往回直走，左轉會碰到露天外院 Outer Peristyle。院前種紅石榴樹。古羅馬盛行提供外院讓人們談天和沉思。園中銅像都仿製 Villa of

▲ 露天希臘劇場

▲ 香料園

▲ 義大利式迴廊

▲ 海克利斯雕像 The Lansdowne Heracles

the Papyri 裡挖掘出來的文物，水池盡頭往右轉，會沿小路來到香料園，也有種植薰衣草和薄荷等，香料園在古羅馬時期非常盛行。逛完花園，不要錯過兩層樓多達 1200 件古羅馬、古希臘珍藏，尤其是鎮館之寶海克利斯、宙斯雕像和維納斯之頭。

$ 免費，需事先上網預約　⏰ 10：00 ～ 17：00（週二公休）　📍 17985 Pacific Coast Hwy, Pacific Palisades, CA 90272　📞（310）440-7300　🅿 附設停車場 $20（15：00 後 $15），繳一次費用，同一天也可停蓋提中心　⚠ 若時間有限，建議先看花園再看藝術品。

蓋提博物館美食 | 🍴

蓋提中心無論是平價或高檔餐廳，都可欣賞洛杉磯西區全景，不妨直接在裡面用餐。

平價自助餐廳
Café at Getty Center

有室內與戶外座位，室內有大片落地窗，採光良好，料理口味多元也平價。沙拉很新鮮，還會搭配手工有機洋芋片。

$ $15 ～ $20　⏰ 週二～日 11：30 ～ 15：00（週一公休）。　📞（310）440-6810

景觀餐廳
The Restaurant

菜單季節性更換，用當地食材製成美味精緻菜餚。建議事先訂位。

$ $25～$40 **⏱** 週二～五 11：30～14：30；週六 11：30～14：30 和 17：00～20：00；週日 11：00～15：00 **☎**（310）440-6810

蓋提別墅餐廳
Cafe at Getty Villa

地中海型料理，也有美式餐點。價位中等，以有機當地食材製作。人氣料理是 Villa Burger 和 Portobello Sandwich（香菇三明治）。

$ $15 起 **⏱** 平日 11：00～15：00；週末 11：00～16：00 **☎**（310）440-7300

比佛利山莊

　　比佛利山莊的郵遞區號 90210，是美劇《飛越比佛利》的片名，也因此成為奢華、名牌和玻尿酸的象徵，凸顯出比佛利山莊的富貴形象。Metro 電車曾想在比佛利山莊蓋地鐵站，也被當地人高傲拒絕。本篇將從三個面向介紹比佛利山莊：羅迪歐大道見證現今的富貴絢麗，魯賓遜花園和比佛利酒店體驗歷史經典，葛洛夫購物中心則分享升斗小民也能享受的購物饗宴。

羅迪歐大道 Rodeo Drive

建議遊玩時間：2 小時
推薦造訪時段：避開尖峰時間

　　以比佛利花園 Beverly Gardens Park 為起點，正門口有「比佛利山莊」Beverly Hills 的字樣，夏天有荷花綻放，平日有免費藝術展覽，能看到草間彌生

▲ 草間彌生的鬱金香

▲ Anderson Court Shops

▲ 比佛利花園

的「瘋狂鬱金香」和其他雕像。往東邊則是市民中心。沿著 N. Beverly Dr 或 N. Canon Dr 來到遊客中心拿一張免費地圖，順便和比佛利山莊人行標誌拍張照。這裡也是電影《麻雀變鳳凰》取景地，茱莉亞羅勃茲飾演的女主角薇薇安在此對勢利眼的店員說出這段經典臺詞：「你們昨天不理我是大錯特錯，而我現在要大買特買了！」

於 Santa Monica Blvd 右轉，走到 Rodeo Dr 右轉就來到羅迪歐大道精品街，有 Chanel、Prada、Gucci 等名牌。建議逛逛 Bally 旁的 Anderson Court Shops（Battaglia 樓上），這棟特殊建築是美國建築大師法蘭克洛伊德萊特 Frank Lloyd Wright 的大作，v 型外表和四四方方的鄰居們成了強烈對比，也被列入國家史蹟名錄。

經過 Burberry 後來到 Dayton Way 交口會的上坡小路，這條有著歐式建築的石子街道，就是著名的 2 Rodeo Dr。很難相信這裡在 1967 年時連一家精品店都沒有。但居民為了打造出此地為有錢名人的逛街地點，開始引進一間間精品店，到了 1978 年就成為了「全世界購物中心的精華地段」。走到底的 Wilshire Blvd 有一座噴泉，對面就是比佛利山莊的四季飯店

♪ 比佛利花園無公休，羅迪歐大道的店家通常為週一～六 10：00～18：00、週日 12：00～17：00。
♀ 9439 Santa Monica Blvd, Beverly Hills, CA 90210（比佛利花園）　✆（310）247-7040　🅿 路邊免費停車，比佛利花園對面有付費停車場。

▼ Rodeo Dr 和 Dayton Way 的交叉口

▼ Wilshire Blvd 前的噴泉

▲ 全世界第二大的棕櫚樹花園　　　▲ VR 故居

魯賓遜花園 & 比佛利酒店
Virginia Robinson Gardens & Beverly Hills Hotel

建議遊玩時間：半天
推薦造訪時段：早晨光線較好，也能避開塞車時間。

　　維吉妮亞魯賓遜（以下簡稱 VR）於 1911 年打造了魯賓遜花園，是全世界第二大的棕櫚樹花園，也是比佛利山莊最低調、歷史最悠久的豪宅。VR 是富家女，光度蜜月就能度三年。VR 本身善於交際，有比佛利山莊的第一夫人之稱，這幢豪宅也成為當年上流社會的派對場所，卓別林、迪士尼夫婦、貓王、英國皇室都曾是座上賓。許多洛杉磯的植物也是因為 VR 從世界各地拿到稀有品種，進而引進栽種。VR 後來活到近 100 歲，臨終前將花園捐給比佛利山莊。

　　參觀完花園後可步行至比佛利酒店，這裡不但是比佛利山莊的象徵，也是明星最愛下榻的飯店之一。知名客人包括約翰藍儂、伊莉莎白泰勒、瑪麗蓮夢露等。綠色和粉紅色的復古風是飯店最大特色，地下一樓也有飯店歷史解說和精品街。

魯賓遜花園

💲 成人 $15、小孩（5 ～ 12 歲）$6、學生票和老年票（62 歲以上）$11 🕐 週二～四 09：00 ～ 16：00 📍 1008 Elden Way, Beverly Hills, CA 90210 📞（310）550-2087 🅿 N Crescent Dr 的免費路邊停車可步行到兩個景點 ⚠ 需於 2 週前以 email 或電話預約 1.5 小時的導覽，不能自行參觀。比佛利酒店可自行免費參觀。

▼ 花園景致　　　　　　▼ 比佛利酒店

比佛利山莊美食 & 住宿 | 🍴 🏠

True Food Kitchen 加州料理

　　以草飼牛和新鮮農作物為食材，每季更換，標榜營養均衡又健康美味。我最愛的是乾煎鱈魚 Pan Seared Sea Bass 和照燒藜麥 Teriyaki Quinoia Bowl。這間餐廳是由明星醫師 Dr. Andrew Weil 發起，另一位合夥人是歐普拉，在美西也有其他分店。

💲 $20～$25 🕐 週一～四 11：00～21：00；週五 11：00～22：00；週六 10：00～23：00；週日 10：30～21：00 📍 10250 Santa Monica Blvd Suite 1400, Los Angeles, CA 90067（Westfield Century City 商場內）📞（310）736-4900

▼ 毛豆酪梨 Edamame Guacamole

◀ 蔬果汁 Kale Aid 和
西瓜檸檬汁

▼ 燻鮭魚創意料理

Urth Caffé Beverly Hills

　　在洛杉磯有許多分店，Urth Pizza 和青醬雞肉三明治都很好吃，甜點最推 Urth Napoleon 拿破崙蛋糕和水果塔。

💲 主菜 $20 起 🕐 週日～四 07：00～22：00；週五～六 07：00～23：00 📍 267 S. Beverly Dr.Beverly Hills, CA 90212 📞（310）205-9311

▼ 香醇水果塔

▼ 青蒜醬雞肉三明治

The Living Room at The Peninsula 半島酒店下午茶

　　價格不斐，卻是洛杉磯的經典下午茶之一。巧克力甜點灑上金箔，鮭魚三明治上放置魚子醬。搭配現場的豎琴或鋼琴演奏，讓你得以享受一場奢華的下午茶。

💲 經典套餐 Traditional Tea $125 起（含法國香檳）、皇家套餐 $135 起（含法國粉紅酒）　🕐 11：00 和 13：30 和 16：00（下午有豎琴表演），需事先於官網訂位。　📍 9882 South Santa Monica Blvd, Beverly Hills, CA 90212　📞（310）511-2888

▼ 慵懶氛圍的內院

▼ 大廳

Sonder Beverly Terrace

　　1956 年建造，溫暖宜人的三星級飯店，房間小巧，地理位置極佳，對面就是比佛利標誌和公園。

💲 $231 起　📍 469 N Doheny Dr, Beverly Hills, CA 90210　📞（617）300-0956　🔑 Wifi、SPA 按摩、健身房、免費專人司機帶賓客去周邊餐廳　🅿 專人停車 $60 起

▲ 酒店餐廳

L'Ermitage Beverly Hills Hotel

　1975 年創建，號稱全球蟬聯富比世酒店排行榜最長時間的五星級飯店，貴氣奢華又寬敞，所有房型都有獨立房間和客廳，早餐美味好吃，步行可到 Rodeo Drive 和比佛利標誌。

$ $626 起　 9291 Burton Way, Beverly Hills, CA 90210　 （310）278-3344　 Wifi、游泳池、SPA 按摩、健身房、免費專人司機帶賓客去周邊餐廳。　 專人停車 $60 起

▲ 購物中心的聖誕裝飾　　　　　　　　▲ 農夫市場

葛洛夫購物中心 The Grove

建議遊玩時間：1.5 小時
推薦造訪時段：平日夜晚，11 月中到 1 月初晚上有聖誕裝飾

　　相較於羅迪歐大道的天價精品，葛洛夫購物中心就親和許多，GAP、Banana Republic、J Crew、Nordstrom 百貨等都在此進駐。玄彬和孫藝珍度蜜月時也曾來此逛街。這裡也是全洛杉磯最有聖誕風情的地方。

▼ 糖果屋

　　出停車場後往左轉會看到五顏六色的糖果屋，可預約排隊和聖誕老人照相。繼續來到廣場中央，看著雙層噹噹車經過，還有每小時的音樂水舞表演，也有約 110 英尺、全洛杉磯最高的聖誕樹。接近聖誕節時，為了提供白色聖誕氛圍，商場內還會下起人造雪，不穿大衣和雪靴就能享受雪花飄場景。

　　往回走經過糖果屋後繼續往西走，左邊能看到農夫市場入口。1934 年美國大恐慌時期，一大批農夫開始擺攤，將親手栽種的鮮花、蔬果、起司等賣給民眾，就此一炮而紅，許多攤商從當時就經營到現在。

🕐 週一～四 10：00 ～ 21：00、週五～六 10：00 ～ 22：00；週日 11：00 ～ 20：00 📍189 The Grove Dr, Los Angeles, CA 90036 📞（323）900-8080 🅿 附設停車場，第一小時 $2，第二小時 $4，一天不超過 $30。某些店家提供 Validation 讓你免費停 2 小時。 ⚠ 這裡離 LACMA 不遠，可一起排在行程中。

葛洛夫購物中心美食 | 🍽

Republique 法式料理

1928 年卓別林親手打造的辦公廳，重新裝潢後成為法式餐廳，不到一年就被洛城雜誌票選為 2014 年「最棒新興餐廳」。主廚 Margarita Manzke 在 2023 年也摘下美食界大獎 James Beard Award。大推早午餐淋上濃郁番茄醬汁的 Shashouka，甜點和晚餐的鴨胸肉也很好吃。

💲 午餐 $20～$30、晚餐 $35～$50 🕐 早餐、午餐 08：00～14：00（不接受訂位）；晚餐：週二～五 17：30～22：00、週六 17：00～22：00（建議事先訂位）。 📍 624 South La Brea Ave, Los Angeles, CA 90036 📞（310）362-6115

▲ 一口的迷你版本

▲ 五顏六色的糖窗

Sprinkles Cupcakes The Grove 杯子蛋糕

名媛明星最愛的人氣店家，也號稱是全球第一家杯子蛋糕烘培坊。蛋糕綿密、糖霜也不過甜，無人工添加物和化學成分。阿湯哥、芭芭拉史翠珊、大威廉斯和歐普拉都無法抵擋它的魅力。

💲 $6 起 🕐 週一～四 10：00～21：00；週五～六 10：00～22：00；週日 10：00～20：00 📍 189 The Grove Dr, Los Angeles, CA 90036（也有其他分店） 📞（323）931-4498

洛杉磯東區

好萊塢環球影城

格里斐斯天文台

好萊塢星光大道

比佛利山莊

葛洛夫購物中心

洛杉磯郡立美術館

加州理工學院

漢庭頓圖書館花園

南帕農夫市集

聖蓋博谷華人區

洛杉磯市中心

▲ 洛杉磯東區

　　不同於市中心的複雜，洛杉磯東邊的帕薩迪那和聖蓋柏谷是許多洛杉磯居民居住的地方。帕薩迪那老城區擁有悠久的百年歷史，美食餐廳林立。隔壁的聖蓋柏谷區則是洛杉磯著名的華人區，許多店家就算不說英文也能溝通，不少在地華人甚至會開好幾個小時的車，就為了來此打牙祭，一解思鄉情緒。

　　帕薩迪娜最好玩的有四個特色：漢庭頓圖書館花園可見證加州歷史，加州理工學院讓你體驗菁英教育氛圍，一年一度玫瑰遊行是最經典的傳統文化，而這裡的農夫市場，也能讓你享受到最新鮮的有機食材。

▲ 漢庭頓玫瑰園

漢庭頓圖書館花園 The Huntington Library, Art Museum,and Botanical Gardens

建議遊玩時間：0.5～1天
推薦造訪時段：春至秋季的平日，冬季玫瑰較少

　　洛杉磯西區有蓋提，東區則有漢庭頓。亨利漢庭頓是著名鐵路大亨，叔叔過世後接收了龐大資產和事業，也接收守寡的嬸嬸作為老婆，還為此與元配離婚。漢庭頓的前嬸嬸兼新老婆貝兒 Arabella Huntington 對歐洲歷史藝術頗有研究，是小有名望的收藏家。歐洲一戰爆發時，許多歐洲貴族富商急於用錢，讓漢庭頓以極低價位購入了豐富的藝術品和書籍，1920 年建造了圖書館和畫廊來收藏，就是漢庭頓圖書館。

▼ 內部收藏室 ▼ 圖書館後的噴泉 ▼ 印刷界里程碑《古騰堡聖經》

▲ 日式房屋

▲ 中式建築

▲ 愜意的竹林步道

▼ 日式古橋

　　從入口進來，往前會先碰到圖書館，裡面有多達 600 萬本藏書，甚至有美國國父華盛頓和林肯的親筆手稿、罕見的《古騰堡聖經》，和美國中學生必讀、14 世紀流傳至今的《坎特伯雷故事集》原版等，也是世上唯一一座收藏莎士比亞原版《哈姆雷特》的圖書館。

　　漢庭頓也打造了 12 個主題花園，其中以日式花園和中式「流芳園」最有名。流芳園取名自曹植的〈洛神賦〉，是中國以外規模最大的中式花園，不但請來蘇州工匠造景，還遠從太湖搬石過來。日式花園則是漢庭頓的人氣第一名，包括古色古香的房屋、茶房、日式大鐘以及數百盆日式盆栽收藏，不能錯過。

　　漢庭頓的私人玫瑰園也相當出名。玫瑰是貝兒夫人生前最愛，據說杭庭頓家一年就會採用將近 1 萬朵玫瑰。這裡的玫瑰種類有 1200 多種，在完全不噴灑農藥的狀態下培植。花期為 3 ～ 11 月。

　　最後則是漢庭頓的珍品藝廊。漢庭頓在當時是英國藝術

▲ 比人還高的仙人掌　　▲ 玫瑰園的愛人雕像　　　　　▲ 玫瑰園下午茶餐廳

品的最大收藏家，其他藝術品也以歐美地區為主，故居裡有 1200 件藝術品，除了漢庭頓的珍藏，本身金碧輝煌的建築也顯示出漢庭頓夫婦的高貴品味。建築內的大型圖書室是漢庭頓最常休憩的地方，飯廳則曾招待過瑞典王子與王妃。

　　沙漠花園和棕櫚花園也很美麗。若在秋天時前來，園內林立的銀杏樹金黃閃耀，春季有粉嫩櫻花相陪，夏天則有滿開的蓮花陪襯，不同季節有不同享受。

$ 成人平日 $25、週末 $29；學生、年長者平日 $21、週末 $24；11 歲以下 $13、4 歲以下免費。　⏰ 週三～一 10：00～17：00。週五～日入場需事先預約，每月第 1 個週四可免費入園，需事先預約（搜尋 Huntington Library）。　📍 1151 Oxford Road, San Marino, CA 91108　📞（626）405-2100　🅿 免費停車場

▲ 春天櫻花和桃花

▼ 故居裡的圖書室　　　　　　　　▼ 招待過瑞典王子夫婦的飯廳

加州理工學院 Caltech

　　加州理工學院是全世界公認的科學和工程學府，被 CBS News 稱為全美第 3 難進的大學，在全美大學排名都是前 10 名。

　　校園內現代和古典建築並存。這裡有近 9 成學生來自富裕家庭，天龍味也不經意地藏在細節裡，這裡的師生比例只有 3：1，而非平均值的 18：1，系所設計也很用心，生物系以章魚裝飾，航空學大樓外直接放上一架飛機，園內的大樓造價從百萬到上億美金不等。校園內有許多百年老樹，校方也會花大筆資金維護，讓你在校園中隨時能找到乘涼的地方。

　　Caltech 的興起有部分是希望在西岸成立與麻省理工學院 MIT 對抗的學校，連愛因斯坦都曾在此下榻，也導致 Caltech 和 MIT 一直以來都是死對頭，兩方也因此有許多有趣的故事。

　　Caltech 校園中心有個百年歷史的大砲，MIT 學生有一回假扮成搬家工人，把重達 1.7 噸的大砲移到麻州劍橋，讓 Caltech 最後得募款 3 萬美金才能把大砲運回來。不過你也不能怪 MIT，因為在這之前，Caltech 跑去 MIT 發 T 恤給新生，前面寫著 MIT，後面則寫 because not everyone can go to Caltech（不是每個人都進得去加州理工學院），冤冤相報也是剛好而已。

▲ 歷史大砲　　　　▲ 愛因斯坦下榻的房間　　　　▲ 校園中隨處可見的百年老樹　　　　▲ 古典的校園建築

　　Caltech 也是地震權威，只要南加州一發生地震，媒體就會去找 Caltech 取得最新消息。可以在學生中心的商店買到寫著「It's not an earthquake until we say it is… Caltech」的 T 恤，是非常有趣的紀念。

📍 1200 East California Boulevard, Pasadena, California 91125　📞（626）395-6811　🅿 附近路邊停車
⚠ 9 ～ 5 月的最後一個禮拜四提供 2 小時免費導覽 Community Tours，詳情請洽官網（搜尋 Caltech）。

新年玫瑰花車遊行 Rose Parade

▼ 玫瑰花車遊行起頭

　　在冰天雪地的紐約，每年會在感恩節推出梅西百貨大遊行，洛杉磯則有著南加州獨特的華麗與繽紛。自 1890 年起，新年都會舉辦以玫瑰和各種植物裝飾的花車大遊行，全美各地的學校都會有馬車和樂隊前來參加。

　　雖是免費觀賞的遊行，大部分民眾都自備椅子或站立參觀，但也能透過 Sharp Seating 購票，享受坐在看臺觀賞的 VIP 舒適，還能預訂停車位。當天附近街道會交通管制，建議清晨就要先去停車，很多人甚至會前一天就去卡位。若搭乘大眾交通工具，離遊行最近的 Metro Gold Line 輕軌列車金線會在 12 月 31 日到 1 月 1 日開放 24 小時。

　　許多人前一天就去卡位，想多睡一點當天 6 點建議就去佔位子，可以帶食物去邊野餐邊

▼ 美國味濃厚的花卉

▲ 國旗展現

▼ 各地前來表演的樂隊

等。遊行結束後兩天，花車會被停放在 Sierra Madre Blvd 和 Washington Blvd 中間開放遊客參觀。

$ 欣賞遊行免費，VIP 座位票價 $75 起，停車位 $60 起；遊行後的花車展覽票價 $15。 🕐 1 月 1 日 10：00 ～ 12：00 📍 從 Orange Grove 到 Sierra Madre Blvd，沿 Colorado Blvd 遊行，約 5.5 英里。 📞（626）449-4100

南帕薩迪那農夫市場 South Pasadena Farmer's Market

　　南帕薩迪那以住宅區為主，景點不多，卻有一個被評選為「最佳夜晚農夫市場」的市場。除了有機攤販，也有許多試吃店家，從新鮮蔬果麵包餅乾到花卉肉類一應俱全，現場還有音樂表演，可度過一個悠閒的傍晚。

🕐 每週四，冬季 16：00 ～ 19：00、春夏秋季 16：00 ～ 20：00 📍 920 Meridian Ave, S Pasadena, CA 91030 📞（626）403-2820 🅿 路邊免費停車

帕薩迪那美食 & 住宿 | 🍴 🏠

▲ Porterhouse 牛排

▲ 新鮮生蠔

Arroyo Chop House 頂級牛排館

　　全南加州少數幾間只提供最高等級 U.S.D.A Prime Beef 的餐廳，全美只有 0.3% 的牛肉屬於這等級。這裡的牛羊排和配菜都很美味，前菜推薦生蠔、麵包和干貝。配菜推薦蒜味馬鈴薯泥、法式長豆和甜玉米。甜點則推薦口感綿密的舒夫蕾。號稱兩人份的 Porterhouse 其實分量足夠三、四個人分享，再搭配前菜、沙拉和配料，就會吃得剛好又滿足喔。

💲 牛排 $75 起 ⏰ 平日 12：00～20：00、週末 17：00～20：00 📍 536 South Arroyo Parkway, Pasadena, CA 91105 📞（626）577-7463 🅿 $7 專人停車

▼ Rose Tree Cottage 的英式花園

Rose Tree Cottage 英式下午茶

　　無數次被評選為南加州最道地的英式下午茶。男主人是英國人，所有材料到烘焙用家電都進口於英國。英國大使、小布和裘莉也曾是座上賓。只收現金，且入內不得拍照。

💲 $50 ⏰ 週末 13：00 和 16：00，需一週前致電預約 📍 801 S Pasadena Avenue, Pasadena CA 91105 📞（626）793-3337 🅿 附免費停車場

Bone Kettle 東南亞料理

熬煮 36 小時的牛肉蔬菜大骨湯搭配手工麵條，風味濃厚。前菜推薦蒜味鮮蝦 Garlic Prawn、香烤花椰菜、牛骨髓 Bone Marrow 和 Sisig 豬五花創意料理。

$ $35 起 🕐 16：30 ～ 21：30；週末 10：00 ～ 14：00 📍 67 N Raymond Ave, Pasadena, CA 91103 📞 （626）765-3788 ⚠ 餐點已含服務費，不用另給小費，建議事先訂位。

◀ 蒜味鮮蝦

▲ 香烤花椰菜

Café Santorini 地中海料理

浪漫的用餐氛圍搭配口味多元的料理，海鮮湯 Cioppino Santorini（可搭配義大利麵）、烤魚 Branzino、中東烤盤 Grilled Kebob、鷹嘴豆泥 Hummus 或茄子醬 Babaganoush 沾餅皮，都非常到位。

$ $30 起 🕐 週一～四 16：00 ～ 21：00；週五 16：00 ～ 22：00；週六 11：30 ～ 22：00；週日 11：30 ～ 21：00 📍 64 W Union St, Pasadena, CA 91105 📞 （626）564-4200

Golden Deli 越式料理

曾被 LA Weekly 推薦的餐廳，除了招牌牛雞肉河粉和碎米飯，前菜推薦炸春捲、米紙捲，我個人則喜歡由新鮮蔬菜和越式米粉做成的「檬 Bun」，口味清爽。

$ $15 起 🕐 10：00 ～ 20：00（週三公休） 📍 815 W. Las Tunas Dr, San Gabriel, CA 91776 📞 （626）308-0803

同場加映：華人區思鄉美食

　　到美西玩吃膩漢堡薯條，想念家鄉菜了，聖蓋柏谷有許多臺灣美食，能滿足遊子的腸胃，而且以下餐廳均附免費停車位。

Huge Tree Pastry 大樹早餐店

　　可吃到全洛杉磯口味最道地的紫米飯糰，也有我最愛的燒餅油條和蛋餅蘿蔔糕。只提供外帶。

$ $10 以下　**◐** 07：00～15：00（週三公休）　**♀** 423 N Atlantic Blvd, Ste 106, Monterey Park, CA 91754　**☎**（626）458-8689

Taipei Bistro 臺北私房菜

　　老闆是臺灣人，牛肉麵得過獎，紅糟肉、鹹酥雞、滷肉飯也很好吃，這裡也販售各類便當，午餐便當還有特價。

$ $10 起　**◐** 11：00～14：00、17：30～20：30（週一公休）　**♀** 704 W Las Tunas Dr, San Gabriel, CA 91776　**☎**（626）293-8128

▼ 鹹酥雞便當　　　　　▼ 紅麴肉便當

▼ 避風塘炒蟹

Jiang Nan Spring 江南春

　　入選米其林必比登，老闆是臺灣人，從北京烤鴨、獅子頭、松鼠全魚到宋嫂魚羹等，各類酒席菜滿足你的味蕾。

$ $25 起　**◐** 11：00～15：00、16：00～21：00（週五、六營業至 21：30）　**♀** 910 E Main St, Alhambra, CA 91801　**☎**（626）766-1688

▲ 招牌湯品霸王皇潭子　　　　▲ 酥皮大明蝦

Bistro Na's 那家小館

聖蓋柏谷唯一米其林一星餐廳，屬精緻宮廷風中國料理。牛柳粒入口即化，酥皮大明蝦則酥脆到連蝦殼也能食用。需事先訂位。

$ $50 起　**◔** 11：00 ～ 14：30、17：00 ～ 21：00（週五、六營業至 21：30）　**♀** 9055 Las Tunas Dr, Ste 105, Temple City, CA 91780　**☎**（626）286-1999

Half and Half Tea Express 伴伴堂珍奶

甜而不膩、口感香醇的珍珠奶茶是招牌，撫慰無數海外遊子的思鄉情緒。在洛杉磯各地都有分店。

$ $6.50 起　**◔** 11：15 ～ 21：00（週二公休）　**♀** 141 N Atlantic Blvd Ste 112, Monterey Park, CA 91754　**☎**（626）872-0200

Baekjeong KBBQ
姜虎東韓國烤肉

　推薦肉質鮮嫩的 Beef Combo，再搭配無限量供應的生菜和醃漬的清爽蘿蔔一起食用。在南加州有許多分店。

💲 雙人套餐 $65 起　🕐 週日～四 11：30 ～ 22：00、週五 11：30 ～ 00：00、週六 11：00 ～ 00：00、週日 11：30 ～ 22：00　📍 5700 Rosemead Blvd, #100, Temple City, CA 91780　📞（213）799-6328

▲ 專人為你服務的韓國烤肉

▲ 餅皮口味皆佳的披薩

▲ 新鮮 Arugula Salad

Ravello Osteria 義大利菜

　被 ABC News 推薦，餐廳雖開在華人區，外觀不起眼，卻有最道地的披薩和義大利麵。我很喜歡它的 Spaghetti Carbonara、智利鱈魚 Chilean Sea Bass 以及入口即化的 Rib Eye Steak 牛排和各類披薩。

🕐 午餐：週二～六 11：30 ～ 14：00；晚餐：週二、週三 17：00 ～ 21：00、週四～日 17：00 ～ 22：00（週一公休）　📍 2315 S Garfield Ave, Monterey Park, CA 91754　📞（323）722-7600

▲ 古典的大廳

▲ 臥房

The Westin Pasadena

安靜舒適的四星級酒店，可看到帕薩迪那市政廳或聖蓋柏山，床鋪舒服，早餐美味，步行可到老城區。

$ $161 起　**♥** 191 N Los Robles Ave, Pasadena, CA 91101　**☎**（626）792-2727　**⌂** 免費 Wifi、保險箱、冰箱、戶外溫水游泳池、免費停車位。

▲ 碎花典雅的臥室

▲ 採光明亮的圖書區

The Bissell House Bed and Breakfast

1887 年建立至今，頗具歷史的三星維多利亞式民宿，愛因斯坦曾下榻於此。

$ $269 起　**♥** 201 Orange Grove Blvd, South Pasadena, CA 91030　**☎**（626）441-3535　**⌂** 免費 Wifi、含大份早餐、下午茶、戶外泳池、24 小時無限量供應茶和咖啡，免費停車位。

洛杉磯市中心 Downtown LA

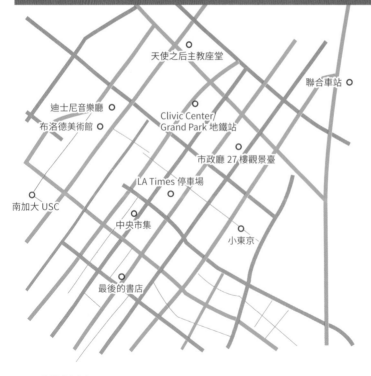

天使之后主教座堂

聯合車站

迪士尼音樂廳

布洛德美術館

Clivic Center/
Grand Park 地鐵站

市政廳 27 樓觀景臺

LA Times 停車場

南加大 USC

中央市集

小東京

最後的書店

▲ 洛杉磯市中心

建議遊玩時間：1 天
推薦造訪時段：10：00 ～ 15：00，避開交通尖峰，天黑後盡量不要單獨行動，注意安全。

停車：附設停車場靠 Validation 週末 $17，平日可停 3 小時。附近 也 有 LA Times 停車 場（213 S. Spring St, Los Angeles, CA 90012）一天 $11，步行至各景點 10 分鐘。

推薦 8 個洛杉磯市中心的免費精華景點，可依喜好調整。以布洛德美術館作為開頭，逛一圈後回到原點結束。

▲ Jeff Koons 的作品，
充滿童趣的氣球

▲ 布洛德美術館

▲ 作品名為〈桌子底下〉，靈感自於愛麗絲
夢遊仙境裡誇張大小的家具

▲ 草間彌生〈無限鏡屋〉代表上千
個靈魂的光點

布洛德美術館 The Broad

　　斥資 1.4 億美元的布洛德美術館，由得過設計建築獎、打造過紐約林肯中心的 Diller Scofidio + Renfro 團隊設計。建築概念來自蜂窩，但我覺得更像魚鱗。美術館創辦人 Eli 和 Edythe Broad 夫婦是身價超過 74 億美金的慈善企業家，一直對洛城文化和藝術頗感興趣，前後投資超過 8 億美金給藝文界，決心把洛杉磯打造為「世界級文化之都」。〈桌子底下〉、〈鬱金香〉，以及草間彌生的〈無限鏡屋〉都是非常知名的館內展品。

💲 免費，〈無限鏡屋〉需事先預約。 🕐 週二、三、五 11：00 ～ 17：00；週四 11：00 ～ 20：00；週末 10：00 ～ 18：00。 📍 221 S Grand Ave, Los Angeles, CA 90012 📞 （213）232-6200

迪士尼音樂廳 Disney Concert Hall

　　布洛德美術館出來左轉，會看到由華特迪士尼遺孀 Lilian Disney 捐贈 5 億美金打造的迪士尼音樂廳。出自知名建築師 Frank Gehry 之手，他的成名作包括巴黎的 LV 集團大廈和布拉格「跳舞

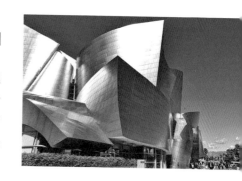

　的房子」，美麗又有現代感的外觀，讓這裡成為情侶或拍攝婚紗照的熱門地點。

　　推門進去的 BP Hall 是美劇詼諧喜劇《矽谷群瞎傳》的取景地。若口袋夠深，可考慮聽一場洛杉磯交響樂團的演奏會，親睹薯條造型的管風琴。如果夏天來到主廳，可看到 129 個造型特殊的風琴，這裡全部共有 6125 個風琴，觀眾能看到的也只有 2%。舞臺以阿拉斯加來的柏樹打造，地板是紅橡木，收音效果極佳，還可以在此錄製專輯。後面的階梯、花園及建築不規則的堆疊，讓這裡成為最著名的拍照景點之一。

🕐 10：00 ～ 15：00　📍 111 S Grand Ave, Los Angeles, CA 90012　📞（213）972-7211　⚠ 有 1 小時免費導覽，夏天較可能參觀到音樂廳內部，因為洛杉磯交響樂團表演節目會在 Hollywood Bowl 舉行。

天使之后主教座堂 Cathedral of Our Lady of the Angels

　　迪士尼音樂廳右邊的 Dorothy Chandler Pavilion 是 90 年代奧斯卡頒獎地點。沿著 Grand Ave 繼續往前，就來到天使之后主教座堂。教堂的外觀毫無任何垂直線條，這是西班牙建築師 José Rafael Moneo 的巧思。室內的挑高天花板流入自然採光，靈感來自耶穌的這句話：「我是世界的光。跟從我的，就不在黑暗裡走，必要得著生命的光。」從外圍走到教堂中央，光線也由暗到明，來到能親近上帝和平靜心靈的所在。這裡每週三下午還有免費的管風琴演奏。

🕐 週一～五 06：00 ～ 18：00；週六 09：00 ～ 18：00；週日 07：00 ～ 18：00　📍 555 W Temple St, Los Angeles, CA 90012　📞（213）680-5200

▲ 市政廳

▲ 洛杉磯全景

市政廳 27 樓觀景臺 LA Observation Deck in City Hall

　　往 Temple Street 東南方走，於 N. Spring Street 往右轉，來到 1928 年成立的洛杉磯市政廳。可以給警衛看護照或駕照後，通過金屬測探器檢驗，登記後就能拿到訪客通行證入內參觀。到 27 樓觀景臺需搭 3 個不同的電梯，立刻可以一覽當地人都不一定知道的 360 度洛杉磯市區全景。

🕐 08：00～17：00（六、日公休）　📍 200 N Spring St, Los Angeles, CA 90012　📞（213）473-3231

小東京 Little Tokyo

　　往左轉走向 1st Ave，再過三個路口便是小東京。1955 年列為美國國家史蹟名錄，是美國三大日本村之一，有北美洲最多的日裔美國人口。二戰時，日裔美國人被驅離到各地的集中營，死傷無數。戰後多年才由布希總統代表美國致歉。這裡的日裔美國人國家級博物館便紀錄著這段歷史。想吃日本美食，可在此選家小店品茗綠茶，或是品嚐湯頭濃郁的大黑家拉麵 Daikokuya Ramen、Oomasa 和 Tenno Sushi 的新鮮壽司，甜點就來個風月堂 Fugetsu-Do 百年老店的麻糬，或以香純鮮奶製成的蜂蜜冰淇淋 Honeymee 吧！

🕐 週六～三 07：00～19：00；週四、五 07：15～19：45　📍 335 E 2nd St, Los Angeles, CA 90012　📞（213）617-1900

▼ 大片新鮮 Tenno Sushi 生魚片

▼ 日裔美國人博物館

▼ 小東京日本村和 Honeymee 冰淇淋

最後的書店 The Last Book Store

　　步行 5 分鐘繞到全加州最大二手書店「最後的書店」，利用舊書打造出文青風滿滿的愜意空間，還被 CNN 和洛杉磯時報爭相採訪。除了買賣書籍，2 樓也有當地藝術家的文創藝術品可參觀。

🕐 11：00 ～ 20：00　📍 453 S Spring St, Los Angeles, CA 90013　📞（213）488-0599

中央市集
Grand Central Market

　　逛完書店，由 5th St 右轉於 S Broadway 走約 5 分鐘就來到 1917 年成立的中央市集，這也是洛杉磯最古老的市場，如今則是平價美食匯集之地。冷壓果汁、猶太三明治和或新鮮蔬果花卉等，令人眼花撩亂。週末 Eggslut 蛋包創意三明治週末經常大排長龍，每一口咬下都有滿滿蛋香。

💲 通常 $10 以下　🕐 08：00 ～ 21：00　📍 317 S Broadway, Los Angeles, CA 90013　📞（213）359-6007

南加州大學 USC

昂貴多金的南加大離布洛德美術館車程不到 10 分鐘，也有許多臺灣籍校友如侯佩岑、沈春華、嚴爵，更有許多政商名流。位於廣場中央的雕像 Tommy Trojan 是學校的精神象徵，也因為位於洛杉磯，和好萊塢關係密切，出了許多明星和幕後工作者，像是《星際大戰》的喬治盧卡斯，《實習醫生》製作人 Shonda Rhimes 和《艾蜜莉在巴黎》女主角 Lily Collins，甚至有一種說法是，每年奧斯卡都有至少會有一名校友入圍。

📍 840 Childs Way, Los Angeles, CA 90089　📞（213）740-2311
🅿 USC Figueroa Street Parking Lot 每小時 $4 或一天 $20

洛杉磯市中心美食＆住宿 | 🍽 🏠

California Chicken Café 加州式沙拉三明治

採用新鮮的有機食材，最推薦中式沙拉 Chinese Chicken Salad，只提供外帶，可線上訂餐。

💲 $15 起　🕐 10：45～21：05　📍 809 S. Hill St, Los Angeles, CA 90015　📞（213）340-8850　🅿 路邊停車

Howlin' Ray's Hot Chicken 炸雞

The Sando 是三明治的簡稱，可選擇炸雞辣度，配上特殊醬汁和醬瓜，顛覆你對炸雞三明治的想像。

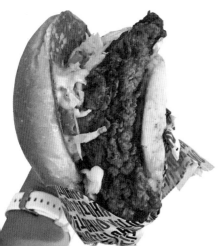

💲 $15 起　🕐 11：00～19：00（週一、二公休）　📍 727 N Broadway #128, Los Angeles, CA 90012　📞（213）935-8399

◀ 一隻手都快拿不下的炸雞三明治

Afuri ramen + dumpling LA 阿夫利拉麵

來自東京，以清爽柚子口味的拉麵聞名。推薦招牌拉麵、豚肉煎餃和丼飯。

▲ 青柚拉麵

💲 $15～$20　🕐 週一～四 11：30～22：00；週五～六 11：30～23：00；週日 11：00～21：30　📍 688 Mateo St, Los Angeles, CA 90021　📞（213）221-7206　🅿 路邊停車

▲ 新鮮煎魚 Grilled Dorade

Bavel 中東風味餐

不僅曾被米其林推薦，也榮獲洛杉磯時報 2019 年年度餐廳和 James Beard Award 的殊榮。創辦人是以色列長大的廚師 Ori Menashe 和室內設計師太太 Genevieve Gergis。開放式空間外加網美風格的設計，以豐富口感中東菜餚聞名，推薦 Hummus 和餅皮 Malawach。建議事先預約。

💲 $50 起　🕐 17：00～23：00　📍 500 Mateo St, #102, Los Angeles, CA 90013　📞（213）232-4966　🅿 專人停車 $12 或路邊停車

Bestia 義式料理

　　外觀以大膽的現代鋼筋線條，搭配大
理石設計而成，也有戶外用餐區，是洛杉
磯的熱門餐廳，推薦店家的手工披薩和義
大利麵，推薦松露義大利餃 Cavatelli all
Norcina、墨魚麵 Squid Ink Chitarra 口味
很有層次，甜點原料全來是在地食材，濃
郁的巧克力塔很好吃。建議先行預約。

$ $35 起　⏰ 17：00 ～ 23：00　📍 2121 E 7th Pl, Los
Angeles, CA 90021　📞（213）514-5724　🅿 專人停車
$12 或路邊停車

Miyako Hotel

　　位於交通方便的小東京，安全舒適的三星級酒店，步行可至市中心景點。

$ $169 起　📍 328 E 1st St, Los Angeles, CA 90012　📞（213）617-2000　⛺ 免費 Wifi、咖啡壺、電視和
微波爐等。專人停車 $30。　⚠ 市中心晚上治安欠佳，出入請注意安全

好萊塢 Hollywood

好萊塢標誌

征服好萊塢標誌步道入口

格里斐斯天文臺

杜莎夫人蠟像館

杜比劇院

星光大道

迪士尼商店

四女士雕像 中國劇院

洛杉磯郡立美術館 LACMA

韓國城

◀好萊塢周邊景點。

　　若說紐約是向錢看齊的城市,那麼洛杉磯則向夢想看齊。不論星光摺摺的好萊塢,集結藝術家心血於一身的洛杉磯郡立美術館,或觀星成痴而建天文臺的格里斐斯,這三個地點都述說追夢的故事。在洛杉磯,金錢不是首要,追夢的過程才能讓眼睛閃閃發光,也最打動人心。

星光大道 Hollywood Walk of Fame

建議遊玩時間：半～1天
推薦造訪時段：平日人潮較少

以 La Brea Blvd 和 Hollywood Blvd 的交口為起點，這裡就會看到「四位女士」雕像，也算是星光大道的入口。四位女星分別來自不同種族，鐵塔最頂端是瑪麗蓮夢露在電影《七年之癢》中裙子被風吹起的經典畫面。

▼「四位女士」雕像

▼ 星光大道起點

▲ 杜莎夫人蠟像館　　▲ 歌手泰勒斯　　　　　　▲ 武打界的傳奇李小龍

杜莎夫人蠟像館 Madame Tussauds Hollywood

　　沿著 Hollywood Blvd 往東走，首先會看到杜莎夫人蠟像館。杜莎夫人原為奧地利人，曾為法國皇室的美術老師，革命後被捕，法國要她顯示忠誠而命她製作已故的法國皇室蠟像面具。革命結束後她和孩子舉家遷至英國，成立第一家杜莎夫人蠟像館，就這樣流傳至今。明星蠟像可觸摸身體、衣服、拍照，但不能碰臉和頭髮。這裡不只能看到各個大明星、政治人物、歌手等，也能看到蠟像的製作過程。

　　如果要逛杜莎夫人蠟像館，也可考慮在杜比劇院 Dolby Theatre 官網加購綜合票 Combo Package，含蠟像館門票和杜比劇院導覽。或購買 Go Los Angeles Card，除了蠟像館，也可參加明星家、華納片場、新力片場等景點的導覽。

　　蠟像館隔壁就是著名的中國劇院 TCL Chinese Theatre，也是 1944 到 1946 年奧斯卡的頒獎地點，有不少經典電影的首映在此舉行，像是《星際大戰》。有人曾說，來好萊塢沒來中國劇院，就像去中國沒去長城一樣可惜。別忘了看看地板上兩百多名明星的簽名和不定期更換的手印。也可以在裡面看場電影，享受一下北美洲最大的 IMAX 螢幕之一。

　　若說中國劇院代表的是老好萊塢的歷史，金光閃閃的杜比劇院（前身為柯達劇院）代表著現今好萊塢的風華。自 2001 年開幕，至今仍是奧斯卡頒獎地點。平常也是熱門的演唱會和實境節目拍攝場地，愛黛兒、碧昂絲、席琳狄翁曾在此獻唱。艾美獎、美國小姐選拔賽、《美國超偶》決賽也都在此舉行。這裡不僅是逛街好去處，更能看到經典的 Hollywood 標誌！可在一樓的 Grom 品嘗綿密的義式冰淇淋，也可到對面迪士尼商店享受加州出產但爆炸甜的 Ghiradelli 巧克力甜點。

▲ 中國劇院

▲ 各式各樣的手印

$ $32.99 起（網上購買較便宜，可包含在 Go Los Angeles Card 內） **♪** 11：00～18：00（公休日不定，建議先在官網查詢） **♀** 6933 Hollywood Blvd, Hollywood, CA 90028 **☎** （323）798-1670 **P** Dolby 劇院有附設停車場，位於 Highland Avenue and Orange Drive 中間。在指定商家消費，Validation 拿證明可抵 2 小時停車費。若在指定劇院或電影院消費則可停 4 小時。

▲ Ghiradelli 巧克力店

▼〈懸浮的石頭〉

洛杉磯郡立美術館 LACMA

建議遊玩時間：半天
推薦造訪時段：平日

　　LACMA 有來自於世界各地多達 15 萬件藏品，也是美國西部最大的藝術博物館。入口處有被 Complex 雜誌評選為「近五年來最具指標性的 50 座藝術品之一」〈懸浮的石頭〉Levitated Mass，340 噸重的巨石放在人行道上方，視覺上有載浮載沉的錯覺。

　　購票亭是經典的都市街燈區

▲ 都市街燈

▲ 六世紀的日本作品〈馬埴輪〉

▲ 竹林

Urban Lights，也是超級熱門的打卡地，也常出現在電影中，像是娜塔莉波曼主演的《飯飯之交》和《情人節》。這裡由 202 個 1920 到 1930 年代的復古街燈製成，並且靠太陽能發電。早晨時分燈源關閉，日落後再度亮起。

若要參觀美術館，建議從最大棟的 Ahmanson Building 逛起。喜愛現代藝術的朋友則可以看 Broad Contemporary American Museum，簡稱 BCAM，以二戰後的現代藝術為主。另一個特別的作品是〈大都會 2〉Metropolis II，彷彿是明日世界縮小版。光是那獨一無二的 1,100 座小汽車模型就嚇死人，更別提不同材質的窗戶和高樓大廈。

日本藝術展示館 Pavilion for Japanese Art 是我最喜歡的展館，這裡的遊客也相對稀少。建築師 Bruce Goff 受到美國建築師法蘭克洛伊德萊特的有機建築影響，喜好以竹林為設計素材，與自然融為一體，隨著一天中的時間變化，光線有所變化，也會讓作品依照光線而改變擺放位置，是別出心裁的巧思。另外還有以美洲藝術為主的 Art of the Americas，展出韓國藝術、古文明藝術與親子藝廊的 Hammer Building，以及展出季節限定特展的 Resnick Building，規劃十分豐富。

$ 成人 $25；學生、65 歲以上 $21；孩童 $10，2 歲以下免費。 **♪** 週一、二、四 11：00 ～ 18：00；週五 11：00 ～ 20：00；週六～日 10：00 ～ 19：00。需事先網路預約，每月第 2 個週二免費開放。 **♀** 5905 Wilshire Blvd, Los Angeles, CA 90036 **☎**（323）857-6000 **P** 附設停車場 $21，或到 6th St 和 Wilshire Blvd 附近的路邊停車 **▲** 園區提供免費 Wifi。

格里斐斯天文臺
Griffith Observatory

景點所需使間：半天
推薦造訪時段：建議看完日落後先入內參觀，
夜燈點亮後再看夜景。

▲ 地下室的愛因斯坦

　　格里斐斯天文臺有著除了海邊以外最美的夕陽！
1882 年，礦產兼地產大亨兼慈善家格里斐斯買下
一大塊地捐給洛杉磯郡政府，熱愛天文的他希望能
夠蓋一個天文臺和公園給居民享用，也因此這是一
個無論入場或停車都免費的景點，天文臺也會不定
時舉辦望遠鏡觀星的活動。

　　天文臺廣場前的雕像是伽利略，可面對正門先從
右邊逛起。這裡不僅可看到著名好萊塢標誌，沿著
扶手往南則會看到美麗的洛杉磯東西區天際線景觀
（比較大的是市中心，較小的是西區），地上也標
註冬至、夏至、秋分和春分的日落地點。夜燈打起
來後，可以欣賞金色的流動車流夜景，不過冷靜想
想，那也是洛杉磯最令人頭痛的交通。

▲ 夕陽美景

　　室內一樓有許多天文學相關擺設。左邊可購買
Samuel Oschin Planetarium 的票，這場 30 分鐘
的天文秀，視覺效果非常精采，也在《樂來越愛你》
La La Land 中出現過，雖是英語發音卻不影響觀
賞體驗。Leonard Nimoy Event Horizon Theater
則每小時播出 20 分鐘的免費秀，但不比天文秀那
樣壯觀。

　　地下一樓的工作臺有來自月球的隕石可讓你觸
摸，以及太陽系九大行星的介紹，離開前別忘了和
愛因斯坦雕像自拍。

$ 免費。Samuel Oschin Planetarium：成人 $10、學生及年長者 $8、
小孩 $6。🕐 週二～五 12：00～22：00、週末 10：00～22：00（週
一公休）📍 2800 E Observatory Rd, Los Angeles, CA 90027 📞
（213）473-0800 🅿 免費但容易爆滿，附近上坡也可付費路邊停
車。⚠ 天文臺是風口，看夜景時請做好保暖。白天可先去郡立美
術館和星光大道，傍晚再來看夕陽和夜景。

▲ 研究星體的工作人員

▲ 從好萊塢標誌往下看！

征服好萊塢標誌步道 Brush Canyon Trail

建議遊玩時間：2 ～ 3 小時
推薦造訪時段：黃昏、清晨

　　好萊塢標誌除了遠觀，也能直接近看！ Brush Canyon Trail 可以帶你一路直達好萊塢標誌的後方，讓你站在標誌後欣賞比格立斐天文臺更高、更壯觀的洛杉機全景，來到頂端時，往北還可看到許多片廠聚集的 Burbank。這條步道全程約 10 公里，只要沿著 Hollywood Sign（Tyrolian Tank）走即可到達頂端，注意途中若遇到岔路，要往右走。

　　好萊塢標誌的起源自 1923 年，原本放置的是 HOLLYWOODLAND，打上了幾千顆燈泡輪流亮起，而且還是期間限定，只打算放一年半，但隨著美國電影產業興起，好萊塢黃金時代來臨，這標誌就被保留了下來。

　　標誌中的 H 曾於 1940 年被一個酒駕的司機撞毀，好萊塢商會討論後本想翻新，但談判破局。一直到 1978 年， Playboy 雜誌創辦人休海夫納才帶領了包括他自己在內的九位捐款人，這些人有演員、製片、歌手、媒體創辦人等，都和娛樂產業脫不了關係。每位捐贈約 2.8 萬美金（相當於現在的 13 萬美金）翻修。去除掉 Land，HOLLYWOOD 剛好是九個字母，海夫納拿了第一個開頭的字母 H。

🕐 08：00 ～ 18：00 📍 2927 Canyon Dr, Los Angeles, CA, 90068 📞（212）202-2700 🅿 免費停車場（車位有限） ⚠ 遮陽不多，防晒和水源乾糧記得備齊。

好萊塢美食＆住宿 | 🍴 🏠

Providence 新美式海鮮料理

◀ 松露蒸蛋

米其林二星的全美前 50 大餐廳，又榮獲 James Beard Award，在洛杉磯名聲響亮近 20 年。低調奢華的用餐空間以海底世界為靈感，秉持以在地食材做出新鮮的創意料理，從野生鮭魚、黑鱈魚到入口即化的和牛，都徹底挑動你的味蕾和視覺。服務細膩周到，需事先預約。

$ 八道菜的主廚菜單 Tasting Menu 每人 $295 起 **🕐** 週二～五 17：45～21：15；週六 17：30～21：15 **📍** 5955 Melrose Ave, Los Angeles, CA 90038 **📞** （323）460-4170 **🅿** 專人停車 $8.5

▲ 炒河粉 Pad See Ew

▲ 椰汁綠咖哩

Palms Thai 泰式料理

俗擱大碗的道地泰國餐廳，曾被 LA Weekly 和紐約時報報導，推薦咖哩和泰式炒麵 Pad Thai。

$ 午餐套餐 $10、晚餐 $15 起 **🕐** 週日～四 11：00～22：00；週五、六 11：00～23：00 **📍** 5900 Hollywood Blvd b, Los Angeles, CA 90027 **📞** （323）462-5073 **🅿** 專人停車 $5

The Little Door 法式料理

號稱「洛杉磯最浪漫餐廳」，地中海風格適合拍照。主打季節性和有機餐點，也以豐富酒單聞名，最推薦鱈魚和牛排。

$ 低消 $35 起 **🕐** 週一～四 18：00～22：00；週五、六 17：00～23：00；週日 17：00～22：00 **📍** 8164 W 3rd St, West Hollywood, CA 90048 **📞** （323）951-1210 **🅿** 專人停車 $12

Levain Bakery Larchmont Village 餅乾店

　　來自紐約的經典餅乾老店，外表酥脆內裡軟嫩，巧克力入口即化的巨無霸餅乾。推薦核桃巧克力經典口味。

$ \$5 起　🕐 08：00～22：00　📍 227 N Larchment Blvd, Los Angeles, CA 90004　📞（323）576-5895　🅿 附免費停車場

同場加映：正宗韓國烤肉特輯

　　洛杉磯是韓國海外移民第一大城，因此這裡的韓國料理口味相當正宗，配上油花均勻、入口即化的美國牛，是來到洛杉磯不可錯過的美食。

▼ 餐廳內觀

Hae Jang Chon Korean BBQ Restaurant 吃到飽韓國烤肉

　　肉質頂級又划算的吃到飽餐廳，推薦豬頸肉、Galbi 韓式肋排和牛舌。

$ 午餐 \$37.99、晚餐 \$43.99　🕐 週一～六 11：00～23：00（週日公休）　📍 3821 W 6th St, Los Angeles, CA 90020　📞（213）389-8777　⚠ 用餐限 2 小時，限 2 人以上用餐，不可外帶剩餘食材，若剩下太多會多收 \$15。　🅿 專人停車 \$2

▼ 韓式烤肉

▼ 爽口小菜搭配牛肉

Quarters Korean BBQ 韓國烤肉

　　肉質軟嫩，配菜豐富，推薦 Rib Eye 和 Short Rib。

$ 雙人套餐 \$79 起　🕐 週日～三 11：00～00：00；週四～六 11：00～02：00。　📍 3465 W 6th St #C-130, Los Angeles, CA 90020　📞（213）468-0065　🅿 附設停車位，若停滿可路邊停車　⚠ 位於姜虎東隔壁，但姜虎東韓國城分店價位較高，聖蓋柏谷區的分店較划算（請看 p.62）。

▼ Quarters 用餐環境

Magic Castle Hotel

　位於洛杉磯最神祕的魔術城堡俱樂部 Magic Castle 旁，號稱「全世界最特別的私人俱樂部」，以獲獎無數的魔術秀聞名。入住就能加購一位難求的俱樂部門票（需著正式服裝），讓你享受一晚三個魔術秀的奇幻饗宴。步行可至杜比劇院、星光大道、中國劇院等景點。

$ $239 起　**♀** 7025 Franklin Ave, Los Angeles, CA 90028　**☎**（323）851-0800　**⌂** 部分房型有獨立臥房和客廳、Wifi、冰箱、免費早餐點心、免費洗衣服務、電視和廚房、室外溫水泳池。停車一晚 $18。

Kimpton Everly Hotel

　四星級酒店，特定房型可看到好萊塢標誌。使用進口義大利浴袍，提供精緻鹽洗用品。

$ $256 起　**♀** 1800 Argyle Ave, Los Angeles, CA 90028　**☎**（213）279-3532　**⌂** Wifi、戶外泳池、茶和咖啡、健身房、腳踏車租借。專人停車過夜 $54，白天 $20。

南加州五大遊樂園攻略

從米老鼠到哈利波特，南加州一直都是電影動畫的殿堂，也難怪迪士尼、環球影城，和海洋世界旗艦店都設於此。別忘了穿上舒適的鞋子，帶上自備午餐和水，準備徹底鐵腿一天。

環球影城

洛杉磯市中心

諾式莓園

迪士尼樂園

樂高樂園

聖地牙哥市中心

海洋世界

迪士尼樂園 Disneyland

建議遊玩時間：2 天以上
推薦造訪時段：早上人潮較少，建議開園前半小時抵達。
平日票價比週末貴，但週末開放時間較長。

迪士尼樂園分兩個園區：本園和加州冒險園。最經典的本園年齡層較廣，有夢幻城堡、煙火和星際大戰園區，人潮也較多。

加州冒險園有漫威樂園、皮克斯主題遊樂設施、刺激的雲霄飛車，以及斥資 7,500 萬美元打造的聲光水舞秀。從停車塔出來後須過安檢並搭乘接駁車入園。

　　迪士尼每項遊樂設施排隊至少 1 小時起跳，想省下排隊時間可加購 Lightening Lane（簡稱 LL，票價視熱門程度而定，每日限購兩次）或 Genie+（每人 $30，可參與 23 個遊樂設施），讓你在定點時間內去玩遊樂設施。如果不介意和同伴分批玩，也可詢問工作人員該設施是否有 Single Rider 的服務省下排隊時間。可以下載免費 Disneyland APP 查找各遊樂設施、當天排隊時間和維修狀況及購買餐點。

　　本園的煙火和加州冒險園的水舞秀都很值得一看，不過時間相近，需要自行斟酌，建議開演前 1 小時先去卡位。看本園煙火最佳地點在睡美人城堡前、Main St 介於 Central Plaza 和火車站中間、小小世界前

▼ Toontown 的米老鼠

▼ 星際大戰區有最熱門的遊樂設施

▼ 漫威樂園

方、和 Frontierland 前的美國河。加州冒險園的水舞秀可事先在 APP 用電子排隊 Virtual Queues，或提早去 Paradise Bay 卡位。

若有小孩同行，迪士尼有租借嬰兒車服務，也有嬰兒副食品和用品專區和免費育嬰中心。如果因為小孩隨行而無法玩遊樂設施，通常必須要有某位成人留下來陪小孩，迪士尼也提供家長貼心的 Rider Switch 選項。讓同行的爸媽可以在不用再次排隊的情況下玩到設施。

雖說迪士尼一年四季都會隨著節慶布置，我還是最推薦聖誕節，從 11 月中至 1 月初都是熱門旺季。可以看到睡美人的城堡變身為雪國聖誕城堡，小小世界也換上繽紛聖誕燈，更別提園區到處都是的聖誕裝飾和高聳的聖誕樹，整個園區歡唱著氣氛濃厚的燒腦聖誕歌，聖誕大遊行也更加夢幻華麗，讓人童心大爆發。

$ 單園區 $104 起、雙園區 Hopper 票 $169 起，多日票較划算。3～9 歲兒童票 $98 起。 ◷ 旺季週末 08：00～00：00，每日開放時間不同，以官網為主（搜尋 Disneyland） ◷ 1313 Disneyland Dr, Anaheim, CA 92802 ☎（714）781-4636 Ⓟ 一天 $35 ⚠ 園內禁止使用自拍神器。可利用 APP 查看設施等待時間。若打算玩一天以上，不建議使用 Park Hopper，一天一園區可減少兩邊跑的時間。

迪士尼網站公布人潮最少的時段

1 月中～ 3 月中（假日除外）

4 月中～ 5 月中（復活節前後春假除外）

9 月中～ 11 月中（萬聖節時段除外）

※ 雖說這些時段票價最便宜，但 1、9、11 月關門時間也最早。

迪士尼樂園美食＆住宿 | 🍴🏠

園區內的餐點普遍都不算便宜，但推薦比臉大的火雞腿、夏威夷 Dole 鳳梨冰淇淋和巧達濃湯裝麵包。

Courtyard Anaheim Theme Park Entrance

離園區最近卻也最貴的迪士尼園區官方旅館，周遭還有其他步行即可到達、價格相對優惠的選項，三星的 Courtyard Anaheim 就是其中之一，曾拿下 Tripadvisor 和 AAA 3 鑽石獎。寬敞房間可睡 6 人，上下舖適合親子同行，無敵泳池區宛如另一個水上樂園。

💲 $274 起 📍 51420 S Harbor Blvd, Anaheim, CA 92802
📞（714）254-1442 🏠 Wifi、早餐提供米奇鬆餅，戶外泳池和水上遊樂設施、茶和咖啡、健身房、冰箱 🅿 專人停車 $35 ⚠ 園區外住宿和美食推薦請看橘郡介紹（p.87）。

▲ 夏威夷鳳梨冰淇淋　▲ 比臉大的火雞腿

▼ 早餐是米奇形狀鬆餅

▼ 房間窗外可看到無敵泳池戲水區

諾式莓園 Knott's Berry Farm

建議遊玩時間：1 天
推薦造訪時段：避開暑假旺季

　　相較於其他遊樂園的國際名聲，諾式莓園是在地人極為喜愛且充滿西部風情的遊樂園，更是北美洲最多人造訪的遊樂園前十名。諾式莓園和迪士尼樂園都在橘郡，只差 10 到 15 分鐘車程。

　　這裡是史奴比的家鄉，設施涵蓋年齡層更廣，有刺激的雲霄飛車、也有小小孩喜愛的溫和設施，更有富教育意義的火車馬車導覽，夏季還會開放 Soak City 水上樂園。Funnel Cake 是美國遊樂園的必吃點心，也推薦園區外的 Mrs. Knott's Chicken Dinner 的炸雞和隔壁 Farm Market 的新鮮莓果派 Boysenberry Pie 也很有名。

$ $59.99 起，Soak City 水上樂園 $49.99，上網買票更便宜。 ● 平日 10：00 ～ 18：00、週末 10：00 ～ 22：00，以官網公告為準 ● 8039 Beach Blvd, Buena Park, CA 90620 ● （714）220-5200 Ⓟ 一天 $25

▼ 史奴比主題樂園

▼ 來這裡必吃的 Funnel Cake

橘郡美食 🍴

無論是專程來遊樂園，或從洛杉磯往返聖地牙哥，橘郡都是值得停留打牙祭的地方。以下兩間餐廳，離迪士尼樂園和諾式莓園開車都不超過 20 分鐘。

Porto's Bakery and Café 古巴糕點

Porto's 是洛杉磯近 40 年的老字號古巴糕點餐廳，受到在地人喜愛，多年來價位都是抗通膨的親民，所以無論何時週末都大排長龍。我很推薦招牌起司捲 Cheese Roll 和芭樂酥 Guava Strudel、酥炸薯球肉丸 Potato Ball 和古巴式肉餃 Empanada，水果塔和香蕉片 Plaintain Chips、以及拿下洛杉磯最佳可頌大獎的巧克力和原味可頌。

💲 芭樂酥 $1.25 起、薯球肉丸 $1.45 起 🕐 06：30～20：00 📍 7640 Beach Blvd, Buena Park, CA 90620 📞（714）367-2030 🅿 免費停車位 ⚠ 這裡供應正餐。若想避免排隊可先在網上訂購並至現場拿取（搜尋 Porto's）。在洛杉磯 Glendale、West Covina、Downey 等地區也有分店。

▼ 招牌烤豬肉春捲

Brodard Chateau 新越式料理

橘郡擁有龐大的越南裔移民，Westminster 區更被稱為小西貢。Brodard 把大家熟知的越式餐點加入現代元素，是我吃過最令人印象深刻的越式餐點。Grilled Pork Springs Rolls 燒豬肉春捲是招牌菜，而越式蛋餅 Vietnamese Crepes 薄脆口感又充滿蛋香，加入海鮮豬肉和豆芽菜，和生菜及薄荷香菜等配料捲一起食用，十分清爽。也很推薦雞肉沙拉、腓力炒蘑菇和洋蔥。

▼ 越式蛋餅

💲 $20 起 🕐 週日～四 10：30～21：30；週五～六 10：30～10：00 📍 9100 Trask Ave, Garden Grove, CA 92844 📞（714）899-8273 🅿 免費停車位

環球影城Universal Studios Hollywood

建議遊玩時間：2 天
推薦造訪時段：最好開門前就來，淡季平日人潮最少

　　擁有百年歷史的環球影城有「洛城的娛樂首都」之稱，環球影業從 1919 年起開始拍片，已經是電影界老字號，到今天仍是許多影劇拍攝場所。2016 年新增了哈利波特魔法樂園，2023 年任天堂新世界開幕，更讓環球影城人潮絡繹不絕。

　　環球影城分為上下層，中間要穿過三個長長的星光大梯。建議一早人不多時，先從熱門的馬力歐任天堂樂園玩起，接著去哈利波特魔法樂園，最後再玩片場 Studio Tour 和其他設施，比如水世界海盜特效秀、變形金剛、侏儸紀公園等。

　　新開幕的任天堂世界，用心的造景讓你彷彿踏進馬力歐的樂園。商店裡可購買闖關 Power Up Bands 手環（$40 一支，未來可重複使用），配合 Universal Studios APP，在任天堂世界到處都可使用得分。園區內最主要的遊樂設施就是 Mario Kart： Bowser's

▲ 任天堂樂園

▲ Toad's Café

Challenge，可能要排 1～2 小時。戴手環可玩園區 4 個闖關活動，只要 3 個闖關成功即可到 Baby Bowser's Castle 解鎖，挑戰最後精采又值回票價的體驗遊戲。除此之外，Toad's Café 造景讓人瞬間入戲，食物造型又相當吸睛，建議一大早 7 點先上網預約，時間到直接入內點餐。

▲ Goomba Crazy Crank

▲ Koopa Troopa POWer Punch

4 個金鑰闖關遊戲破解方法：

Goomba Crazy Crank：快速轉動直到咖啡色 Goomba 掉下去為止。

Koopa Troopa POWer Punch：在烏龜即將進去洞穴前用撞擊你的 Pow Box，左右方向都可以。

Piranha Plant Nap Mishap：把所有鬧鈴按掉，多人合作較容易過關。

Thwomp Panel Panic：城堡裡的遊戲，把所有黃色都翻成藍色，多人合作較容易闖關。

💲 $109 起、免排隊 Universal Express $199 起、尊榮體驗 VIP experience $369 🕐 平日 09：00～19：00、週末 08：00～22：00（以官網公告為主）📍 100 Universal City Plaza, Universal City, CA 91608 📞（800）864-8377 🅿 分三個等級，General Parking $30 的最遠，Preferred Parking $50 近一些，Front Gate Parking $70 則幾乎不用走 ⚠ 園區外住宿和美食推薦請看好萊塢介紹（p.79）。

海洋世界 San Diego SeaWorld

建議遊玩時間：1～2天
推薦造訪時段：春季有機會看到剛出生的動物寶寶

　　和其他遊樂園相比，聖地牙哥海洋世界和樂高樂園價位相對親民。海洋世界是世界三大海洋樂園之一，可近距離觀賞殺人鯨、海豚、海獅、企鵝等動物，還能看到大白鯨。動物表演也很精采，推薦海豚和殺人鯨的秀。

$ 平日票 $64.99，假日票 $74.99（含餐飲外加 $30）　 🕐 平日 10：00 ～ 17：00、假日 10：00 ～ 20：00（以官網公布為準）　📍 500 Sea World Dr, San Diego, CA 92109　📞（619）222-4732　🅿 普通停車 $25，想停近一點 $28。　⚠ 建議事先上網購票，官網偶爾會推出孩童同行免費的優惠。園區外住宿和美食推薦請看聖地牙哥市中心章節（p.176）。

▲ 搭 Coast Cruise 看樂高做的總統山，樂高人在清理華盛頓耳朵

▲ 樂高版紐約

樂高樂園 Legoland California

建議遊玩時間：單玩樂高樂園1天，加水上樂園和水族館2天。
推薦造訪時段：避開寒暑假

　　樂高樂園是所有遊樂園中最適合學齡前小孩的園區，也以可觀的樂高造景聞名。以 Miniland USA 為中心打造出的樂高版小人國，花了數百萬片的樂高積木，包括賭城、華府、紐約、舊金山等地。其中 Coast Cruise 的人造河是全世界樂高樂園中聖地牙哥獨有，是必玩設施之一。

　　樂高忍者遊樂設施 Ninjago 是園區內最受歡迎的遊樂設施之一，一定要先去排

▲ 水上樂園

▲ 水族館內可看到許多隻鯊魚和其他魚類

隊。學齡前孩子則特別喜歡潛水艇、Junior Driving School、Cargo Ace 和消防車駕駛。我個人最愛可互動的 Emmett's Flying School 和 Ninjago。除了遊樂設施，這裡四處都有樂高教室讓你玩個過癮，還有額外付費的遊戲挑戰活動，約 $5-$20 不等，贏了可獲得獎品，我們就因此拿到一隻比人還大的忍者香蕉。

　　除了樂高樂園，也可加價參觀水族館和全世界最大的樂高水上樂園。建議第一次來樂高樂園的朋友可以排 1 到 1 天半給本園，半天玩水上樂園，1 小時給水族館。

$ 單日票 $89 起、雙日票 $114 起，建議先上網購票。　🕐 平日 10：00 ～ 17：00、週末 09：30 ～ 18：00，請洽官網　📍 1 Legoland Dr, Carlsbad, CA 92008　📞（888）690-5346　🅿 一天 $30　⚠ 官網不時會推出搭配住宿的優惠促銷，可以多比較。

樂高樂園住宿 | 🏠

Residence Inn by Marriott San Diego Carlsbad

　　如果口袋夠深，不介意一個晚上 $500 美金起跳，可考慮入住樂高樂園酒店 Legoland Hotel，享受被樂高包圍的樂趣。若想省荷包則推薦開車 5 分鐘距離的三星酒店 Residence Inn by Marriot，有寬敞房間和分開的臥室，適合親子同行。

$ $177 起　📍 2000 Faraday Ave, Carlsbad, CA 92008　📞（760）431-9999　🛜 Wifi、免費熱食早餐、健身房、戶外泳池、廚房、冰箱　🅿 免費停車　⚠ 樂高樂園所在的 Carlsbad 區域離聖地牙哥其他景點約半小時車程，塞車時 1 小時左右。

Part 3

北加州

Northern California

「舊金山只有一個缺點，他讓你難以離開他。」
—— Rudyard Kipling（諾貝爾文學獎得主）

天使島

惡魔島

金門大橋
金門大橋遊客中心

39 號碼頭

Boudin Bakery

33 號碼頭（惡魔島搭船點）

漁人碼頭

停車場

Ghiradelli 巧克力廣場

柯伊特塔

九曲花街

▶ 舊金山市區

舊金山市區

　　舊金山是個被港灣、濃霧和高科技包圍的城市。這裡的天龍人熱愛工作又懂得生活，更對環保綠能和有機食物有特別執著的理念，我在著作《美國人的真正生活》中，也寫了很多有關矽谷天龍國的觀察。

　　若來玩美西是飛舊金山，舊金山國際機場 SFO 有

▲ 機場空中列車　　　　　　　　　　　▲ Bart 快速列車

免費空中列車 AirTrain，可接駁到 Rental Car Center 租車中心和大眾交通工具 Bart。Bart 的購票和使用方式和洛杉磯的 Metro 系統都一樣。若自駕至舊金山，請參考中加州沿路景點規劃（P.139）。

建議遊玩時間：2 天
推薦造訪時段：5 ～ 6 月或 9 ～ 10 月最舒服

漁人碼頭 Fisherman's Wharf

　　玩舊金山市區，當然不會錯過鼎鼎大名的漁人碼頭，這裡推薦兩條遊玩路線，都以 39 號碼頭為起點，往東搭船至惡魔島和天使島，去柯伊特塔看市區全景，再去渡輪大廈吃海鮮。往西則是最熱鬧的 Ghirardelli 巧克力廣場和九曲花街。

東路線：Alcatraz Island 惡魔島、Angel Island 天使島、Coit Tower 柯伊特塔

　　沿著 Embarcadero 往東走，於 33 號碼頭搭船至惡魔島和天使島。惡魔島是美國最難逃離的監獄，也是電影《絕地任務》取景地，不過電影中勇猛的逃亡技術和真實還是有些落差。惡魔島離舊金山 1.25 英里，根據典獄長的說法，曾有 36

▲ 渡輪大廈　　　　　　　　　　　　▲ 遠觀柯伊特塔

人嘗試逃獄，有人用湯匙挖了地道，有人打傷典獄長引發槍戰，大多數在逃脫時被殺或被捕。歷史上只有 3 人順利逃出，但 FBI 估計他們無法在冰冷海水中游泳 1.25 英里，因此都被判定死亡。也有人指出曾見過逃亡後的犯人，但官方宣稱沒有成功案例，因此是否真的成功至今仍是個謎。官方的耳機導覽解說豐富（提供中文），還曾得過獎，建議跟著導覽逛監獄一圈，沿途也能欣賞灣區海景。夜間比白天導覽更熱門，開放區域也更多，人潮更少還能欣賞舊金山夕陽。從惡魔島往北望，就是天使島。

　　19 世紀末有超過兩千萬亞裔移民來美國。起先美國的態度是歡迎的，因為華人能幫美國造鐵軌、修路，在農業礦業上貢獻許多人力。但當新移民開始站穩腳跟、增加薪水後，美國當地工人開始對華人移民感到不滿。掏金熱過後的經濟衰退之際，便把帳都算在亞裔移民身上，通過排華法案禁止中國移民來美，之後又延伸到所有在美亞裔。

　　天使島在 1910 到 1940 年間被當作西方的移民站，操持移民亞裔的生死大權，有多達 17.5 萬的華人在此被脫到一絲不掛讓海關檢查，若不小心拉肚子或有眼疾，還會立刻失去移民資格，有超過 3 成的人都被遣返。

　　美國人自古以來都沒變，經濟衰退不會檢討自己，而是別人背黑鍋，1890 年時淘金熱潮後怪罪華裔移民，2020 年因病毒來襲、經濟下滑，也把怨恨發洩在亞裔身上，這就是在美亞裔的無奈和悲哀。

　　在 33 號碼頭往南邊看，會看到一個白色建築物柯伊特塔，步行約 14 分鐘即可抵達。塔內有 27 位當地畫家繪製的精美壁畫。上塔需另購票 $10，塔上可看到舊金山市中心的壯觀全景。參觀完畢後原路回到 Embarcadero，往東走約半英里就會碰到渡輪大廈市集，也是每年舊金山馬拉松的起跑點，市集內有各類美食，背面可看到秀麗的 Bay Bridge 風景，之後原路返回。

▼ Bay Bridge 夜景

惡魔島

$ 2.5 小時的導覽 Day Tour$45.25 起、Night Tour$56.30 起，需提前預約（搜尋 Alcatraz City Cruises）**☉** 3 月中～ 11 月初。Day Tour 08：40 ～ 15：50 每小時出航；Night Tour 每週二至週六 16：45、17：55 和 18：30。**♀** 33 號碼頭 **☎**（415）981-7625 **⚠** 疫情過後，天使島和惡魔島之間的船隻取消。若想登島，需回舊金山再搭船，詳情請洽天使島官網。

▲ 前往惡魔島的 33 號碼頭

▲ Boudin Bakery

▲ 群聚的海獅

西路線：手工麵包 Boudin Bakery、巧克力廣場 Ghiradelli Square 和九曲花街 Lombard St

　　每個景點間的距離大都步行 10 分鐘內。在起點 39 號碼頭可遠觀 Bay Bridge、惡魔島和金門大橋，沿著碼頭店街往北還能看到無數野生海獅群。

　　沿著 Jefferson St 往西走，可去 Boudin Bakery 品嚐知名手工麵包，1849 年創立至今，號稱是舊金山有名的酸種 Sourdough 麵包出產地。麵包咬起來頗有嚼勁，動物造型麵包也很搶眼。

　　繼續往前走到 Hyde St 左轉，再右轉於 Beach St 會碰到巧克力廣場，也是巧克力品牌 Ghirardelli 旗艦店，歷史能追朔至掏金時期。旁邊的 Crown & Crumpet Tea Salon 能喝杯當地下午茶。穿過廣場對面 Beach St 旁的公園來到沙灘區，可看到金門大橋。再走 8 分鐘就是出名的九曲花街，是全世界最彎曲的街道。接著左轉下坡於 Leavensworth St，於 Bay St 右轉，過兩三個街口後便會回到停車場。

▲ 九曲花街

漁人碼頭

📍 39 號碼頭 Beach St & The Embarcadero, San Francisco, CA 94133　📞（415）673-3530　🅿 Northpoint Center Garage 位於 350 Bay Street，若打算玩整天，週一～五 09：30 前進去，18：00 前離開特價 $14。若只待 1 ～ 2 小時。除了路邊停車，也可利用 Parkme 和 BestParking 網站查找舊金山停車車庫。　⚠ 舊金山治安因疫情和警力減少變嚴重許多，建議不要在車內留下任何物品，也避免晚上單獨行動。

爬上金門大橋 Golden Gate Bridge

建議遊玩時間：2 小時
推薦造訪時段：平日、避開尖峰時間

▼ Marshall Beach 的
礁岩步道

　金門大橋一點也不金，而是醒目的橘紅色，共花 4 年建構而成。不但是全球最多人拍攝的橋樑，更被列為世界七大奇觀之一。在金門大橋 50 周年紀念時，有多達 100 萬人來參加，導致重量太重，金門大橋往下降了 7 英尺。從金門大橋遊客中心沿著 Coastal Ttrail 朝橋的方向前進，觀賞被浪花包圍的金門大橋，接著會來到金門大橋上的人行步道，全長約 1.2 英里。可在橋上的 Golden Gate Overlook 觀景點看到舊金山市景，有力氣的朋友可走到對面觀景區再走回來，來回約 1 小時。

　若還有力氣，從 Golden Gate Overlook 沿著 Battery Bluffs Trail 步行約 10 分鐘，就是 Marshall's Beach 入口，再沿著步道走約 1 英哩左右，可來到幽靜舒服的海灘，人潮更少，景緻壯觀宜人，是更加清幽、舒服的舊金山大橋觀賞地點。

▼ 在此處欣賞金門
大橋更幽靜舒服

🕐 金門大橋附近全天候開放，橋上人行步道區夏季 5：00 ～ 21：00、冬季 05：00 ～ 18：30　📍 可定位 Crissy Fields 或 Golden Gate Bridge。　📞（415）921-5858　🅿 Crissy Field 附近路邊停車

舊金山市區美食＆住宿 | 🍴 🏠

▲ 新鮮生蠔

▲ 餐廳內可看到 Bay Bridge

Hog Island Oyster Co. 生蠔海鮮餐廳

推薦生蠔和濃湯，落地窗座位能看到 Bay Bridge 美景，不接受訂位。

💲 $25 起　🕐 11：00～20：00　📍 1 Ferry Bldg, #11, San Francisco, CA 94111　☎（415）391-7117
🅿 ProPark Parking Lot（Embarcadero & Washington）兩小時 $8、之後每小時加 $8，需要 Validation。
Golden Gateway Garage 平日每小時 $7、週末一天 $8。Pier 3 停車場，每小時 $5。

Sons & Daughters 新美式料理

榮獲米其林一星的新北歐極簡風餐廳，搭配北加州在地食材，每季菜單都不同，包括魚子醬、在地螃蟹、黑松露、肋排等，並在餐食之間搭配不同口味的麵包糕點，以精緻菜餚帶來視覺和味蕾饗宴。

▼ 精緻小點

▼ 雙巧克力甜點

💲 Tasting Menu $229 起　🕐 週二～六 17：00～20：45　📍 708 Bush Street, San Francisco, CA 94108　☎（415）994-7933　🅿 SF City Parking $20（750 Bush St）、Sutter-Stockton Garage 每時 $4

Zazie 創意法式料理

招牌早午餐包括班乃迪克蛋和鬆餅，不接受訂位。

$ $25 起，帳單已包括小費。　**🕐** 平日 08：00 ～ 14：00；週末 09：00 ～ 15：00；每日晚餐 17：00 起。**📍** 941 Cole St, San Francisco, CA 94117　**📞**（415）564-5332　**🅿** 路邊停車

Tartine Bakery 糕點店

甜點師傅得過獎、灣區最知名的可頌和甜點，推薦品嚐各類麵包、檸檬塔和香蕉塔。

$ 早餐 $10 起，午餐 $15 起　**🕐** 08：00 ～ 17：00　**📍** 600 Guerrero St,San Francisco, CA 94110　**📞**（415）487-2600　**🅿** 路邊停車

▲ 檸檬派和杏仁口味甜點

Saigon Sandwich 越式三明治

位於 Tenderloin，外表不起眼的店家卻經常大排長龍，越式三明治道地又料好實在，一份不到 $5 卻十分飽足。Ga 燒雞口味是我的最愛。

$ $4 起，只收現金。　**🕐** 週一、二 07：00 ～ 17：30；週三～日 07：00 ～ 18：00　**📍** 560 Larkin St, San Francisco, CA 94102　**📞**（415）474-5698　**🅿** 路邊停車

Smitten Ice Cream

標榜用液態氮製成，以有機牛奶和雞蛋配上當地 TCHO 巧克力製成的文青冰淇淋店，也會不定時推出季節限定口味。內部裝潢得像在上化學課一樣，十分可愛，也可以觀賞到製作流程。

💲 小份 $6　🕐 週一～四 14：00～21：00；週五 14：00～22：30；週六；13：00～22：30；週日 13：00～21：30　📍 904 Valencia St, San Francisco, CA 94123　📞（415）636-9852　🅿 路邊停車

▲ 軟嫩乳鴿

▲ 新鮮活龍蝦

R&G Lounge 海鮮港式餐廳

位於中國城的老字號港式海鮮餐廳，1985 年開店至今。主要菜色是各種生猛海鮮，新鮮螃蟹、龍蝦、港式乳鴿，口味道地，炒飯口感也粒粒分明。

💲 $30 起　🕐 週日～四 11：00～21：00；週五～六 11：00～21：30　📍 631 Kearny St, San Francisco, CA 94108　📞（415）982-7877　🅿 消費滿 $60 可在 Portsmouth Square Garage（733 Kearny St）折抵停車費 $5。

Lodge at the Presidio

　由軍隊要塞改建的得獎旅館，頗具歷史價值。特定房型可看到金門大橋。由於位於市中心，夜晚外出時請注意安全。

$ $350 起　**📍** 105 Montgomery St, San Francisco, CA 94129　**📞**（415）561-1234　**🔑** 免費 Wifi、咖啡機、電視冰箱、保險箱。　**🅿** $10 一晚

Le Méridien San Francisco
舊金山寒舍艾美酒店

　位於金融區的四星酒店，現代風格的房間寬敞，離中國城和渡輪大廈不遠，特定房型可看到柯伊特塔以及 Bay Bridge。

$ $218 起　**📍** 333 Battery St, San Francisco, CA 94111　**📞**（415）296-2900　**🔑** 免費 Wifi、咖啡機、電視冰箱、保險箱、健身房　**🅿** 附近車庫 $35 一晚

舊金山灣區

南灣 South Bay

納帕

紅木森林　○索薩利托海灣小鎮

金門大橋觀景臺　○

○柏克萊大學

費羅麗莊園　○

史丹佛大學　○

Googleplex 旗艦店

▶ 舊金山灣區

　　由舊金山市中心延伸出的區域以灣區著稱，包括反骨東灣、紅木北灣，貴氣南灣等，各個灣都有自身文化。史丹佛所在的南灣 South Bay 也是矽谷科技業所在地，包括 Meta、Apple、微軟、Google 等。這裡房價永遠高漲，即便科技業在疫情後大跌了一跤，還是前仆後繼有人想來此築夢。

▲ 哈佛畢業的比爾蓋茲捐贈給史丹佛大學的建築

史丹佛大學 Stanford University

建議遊玩時間：2 小時
推薦造訪時段：平日

　　那是個家喻戶曉的故事，富裕父母盼來唯一的兒子，從小悉心呵護卻好景不長，兒子在 16 歲生日前夕染上傷寒去世。父母傷心欲絕，穿著簡單來到美東想捐助，卻被勢利眼的哈佛拒絕，憤而來到加州，成立眾所皆知的史丹佛大學。史丹佛夫婦沒想到的是 100 多年後，史丹佛會打敗哈佛，成為全美錄取率最低也最難進的大學。

　　史丹福校區逛起來一天都不夠，畢竟他有 96 個迪士尼樂園那麼大，可從 Stanford Oval 為起點看精華。Stanford Oval 是學生放鬆的大草坪。學生曾向學校抱怨沒網路，於是校方在草坪挖洞裝設備，讓所有人都有免費 Wifi 使用。穿過大草坪，沿 Jane Stanford Way 走 3 分鐘會碰到比爾蓋茲捐贈的 Gates Computer Science Building。比爾蓋茲畢業於哈佛，卻發現許多員工來自史丹佛資工系，因此於 1996 捐贈 3.6 億打造

此建築。據說史丹佛的資工系也是最搶手科系之一。對面兩棟大樓則是 HP 創辦人捐贈。

從 Google、Nike、Yahoo、Instagram，史丹佛是許多新創矽谷夢的溫床。更別提 Google 早年時還是從 google.stanford.com 起家，史丹佛內也設有 Google 博物館。沿原路往回走，右轉於 Memorial Court。漂亮的廣場是舉辦大一新生會和畢業晚宴的地方，慶祝史丹佛學生生涯的開始與結束。

後面顯眼的紀念教堂 Stanford Memorial Church 被稱為史丹佛大學的建築皇冠，由創辦夫人 Jane Stanford 建立紀念逝去的丈夫。這所拜占庭風格建築以威尼斯聖馬可教堂為靈感。Jane Stanford 特別要求於教堂內放置女性圖片，突顯女性在宗教史上的重要性。俯瞰教堂是十字型結構，象徵透過耶穌基督上十字架，直線條意味神與人和好，橫線條則代表人與人彼此和好。後面有奢華的五個管風琴收藏和精巧的壁畫，這裡也是全加州聲樂表演最著名的地方。

▲ 教堂內部

從 Google、Nike、Yahoo、Instagram，史丹佛是許多新創矽谷夢的提籃。更別提 Google 早年時還是從 google.stanford.com 起家，史丹佛內也設有 Google 博物館。沿原路往回走，右轉於 Memorial Court。漂亮的廣場是舉辦大一新生會和畢業晚宴的地方，慶祝史丹佛學生生涯的開始與結束。

後面顯眼的紀念教堂 Stanford Memorial Church 被稱為史丹佛大學的建築皇冠，由創辦夫人 Jane Stanford 建立紀念逝去的丈夫。這所拜占庭風格建築以威尼斯聖馬可教堂為靈感。Jane Stanford 特別要求於教堂內放置女性圖片，突顯女性在宗教史上的重要性。俯瞰教堂是十字型結構，象徵透過耶

▲ 史丹佛體育場

▲ 右邊是圖書館，左邊高聳的建築是胡佛塔

穌基督上十字架，直線條意味神與人和好，橫線條則代表人與人彼此和好。後面有奢華的五個管風琴收藏和精巧的壁畫，這裡也是全加州聲樂表演最著名的地方。

從教堂出來後往右轉，沿著 Escondido Rd 走四分鐘會來到著名景點 Cecil H Green Library 史丹佛圖書館，也是全世界數一數二的圖書館，包含 900 多萬卷藏書，150 萬電子書，150 萬有聲書，26 萬稀有或特殊書籍，如牛頓原文書和星際大戰手稿等。

圖書館後高聳林立的建築是大名鼎鼎的胡佛塔，也是胡佛在當總統前捐贈給史丹佛的禮物，其中包括胡佛生前所擁有二十世紀的文物和研究。上面有付費觀景臺。結束後沿 Galvez St 往北走約十分鐘，越過 Campus Dr 會來到史丹佛體育場 Stanford Stadium。史丹佛學生不單光會念書，約 80% 學生都參與某項體育運動，並且和宿敵柏克萊較勁。完畢後回到並右轉於 Campus Drive，再左轉於 Palm Dr，走約 5 分鐘會回到大草坪 Stanford Oval。

$ 胡佛塔觀景臺 $5　🕐 校園全日開放。胡佛塔 10：00 ～ 16：00，學生放假時關閉。　📍 20 Palm Dr, Stanford, CA 94305　📞（650）723-2300　🅿 校園內付費停車位，1 小時 $4.46

▼ 隨處可見的躺椅

Googleplex 旗艦店

建議遊玩時間：1 小時起
推薦造訪時段：週末

從微軟、蘋果、網飛到特斯拉，雖說大部分科技公司室內禁止賓客參觀，戶外園區卻會開放給大眾打卡，包括谷歌園區。谷歌用人名言為「不穿西裝，你也能認真做事」，以打造好玩的工作環境為宗旨。園區內躺椅隨處可見，花圃種各種辛香料植物，幫助啟發靈感。免費提供單車給員工騎乘，員工三餐也能在此解決，更別提

▲ 員工健身房　　　　　　　　　　▲ Stan 暴龍骨頭

健身房、淋浴間、理髮洗衣，室內甚至有大型成人版溜滑梯幫助調節心情，讓你心甘情願為其賣命。谷歌團隊流動率大，會給予員工的時間去其他部門摸索嘗試。也難怪即便面對科技業的風暴，過去 15 年依然被列為「最值得賣命的公司」之一。可在園區內找找可愛的 Android 機器人、地圖指標、和名叫 Stan 的暴龍骨頭，為了提醒食古不化放棄創新的下場。

🕐 戶外全天開放　📍 1600 Amphitheatre Pkwy, Mountain View, CA 94043　📞（650）253-0000　🅿 免費停車

費羅麗莊園 Filoli Garden

建議遊玩時間：2 小時～半天
推薦造訪時段：1～6 月，紫藤花 4 月中盛開

　建於 1915 年，被列為國家史蹟名錄，占地約 16 英畝，種有許多品種花卉如鬱金香、鳶尾花、水仙花等，是美國 20 世紀初花園設計黃金時期的最佳代表之一。威廉博恩二世（Williams Bowers Bourn II）當年擁有加州最富庶的金礦，身兼水力公司董事長，在愛爾蘭買下別墅後，又想在北加州加碼一棟離自己更近的別墅，最後選中此地。威廉號稱相信三件事：To fight for a just cause; to love your fellow man; to live a good life.（為公義而戰、愛你的同胞、活出精采人生），於是為莊園命名時，取 fight、love、live 三字開頭，fi-lo-li，Filoli 因此成名。

▲ 花園

　　這裡也是好萊塢電影和電視劇取景地，包括《愛上新郎》、《森林泰山》、《喜福會》等。宴會廳是當年社交應酬熱門地點，房中的水晶吊燈複製了法國凡爾賽鏡廳的水晶吊燈造型，紀念 1919 年鏡廳簽署和平條約時，威廉和夫人到法國參加的回憶，房內鮮花也是花園內採摘。

$ 成人 $22、長者票 $18、孩童 $11、5 歲以下免費。　🕐 10：00 ～ 17：00　📍 86 Cañada Road, Woodside, CA 94062　📞 （650）364-8300　🅿 免費停車場

▼ 圖書室

南灣美食 & 住宿 | 🍽️ 🏠

Buck's of Woodside

　　老闆 Jamis MacNiven 開張以來，見證了矽谷的起飛。天花板上的黃色賽車曾被 Jamis 投資，底下是谷歌車牌，配上標語：" I was too dumb to buy the stock but I bought the plate."（我笨到沒投資股票，而是買了這個車牌。）

　　許多創投大老經常光顧這間店，Hotmail 是在 15 桌被研發，特斯拉在第 40 桌拿到第一筆預算。馬斯克也是常客，還曾邀請老闆入股，但老闆把錢拿去投資惡血公司 Theranos，成為受災戶之一。

▲ 起司鮪魚三明治 Tuna Melt

💲 \$15 起　🕐 週日～四 08：00 ～ 20：30；週五～六 08：00 ～ 21：00　📍 3062 Woodside Rd, Woodside, CA 94062　📞（650）851-8010　🅿 附免費停車場

Oren's Hummus 中東料理

　　爽口的中東風味，推薦 Pita Sandwiches、Grilled Entrees 和各種口味的沾醬 Hummus。若三到四人分食，可考慮 \$95 的 Family Meal Deal，比單點更划算。週三酒類半價。

💲 \$15 起　🕐 週日～四 11：00 ～ 22：00；週五～六 11：00 ～ 23：00　📍 261 University Ave. Palo Alto, CA 94301　📞（650）752-6492　🅿 路邊停車

Zareen's Palo Alto 印度料理

曾被米其林推薦的正宗印度料理，矽谷許多主管職被印度裔移民占據，因此在這裡吃到的印度菜口味相當正宗，餐廳老闆 Zareen Khan 就來自孟買。推薦炸水餃 Samosas、餅皮 Naan，Combo Thali 大拼盤則含主菜如 Chicken Tikka Masala、沙拉、醬汁和印度香米。

$ $15 起 ⏰ 11：00～23：59 📍 365 S. California Avenue, Palo Alto, CA 94306 📞（650）562-8700 🅿 附近免費停車

▲ 越南米粉沙拉 Bun

▲ 炸春捲 Egg Roll

Pho Kim Long 越南料理

料好實在，只收現金。除了 Pho 越式河粉，也推薦越南米粉沙拉 Bun 和 Bun Rieu 番茄蟹肉湯。

$ $10 起 ⏰ 09：00～21：00 📍 2082 N Capitol Ave, San Jose, CA 95132 📞（408）946-2181 🅿 免費停車場

Hotel Nia

Marriot 旗下飯店，拿下旅遊雜誌 Conde Nest 大獎的低調舒適住宿，位於 Meta 總部旁，可步行或騎腳踏車去 Meta 的公園散步。離史丹佛大學約 16 分鐘車程。

$ $189 起 📍 200 Independence Dr, Menlo Park, CA 94025 📞（650）900-3434 🏠 免費 Wifi、咖啡機、電視冰箱、保險箱、露天泳池、24 小時健身房、腳踏車租借，專人停車 $37。

▲ Sather Gate

柏克萊大學
University of California Berkeley

建議遊玩時間：2 小時起
推薦造訪時段：都可，春秋兩季天氣最為舒服

　　號稱全美公立大學排名第一，也是嬉皮文化創始地。以校園內的 Sproul Plaza 為起點，很難不注意到醒目的大門 Sather Gate，1967 年，金恩博士曾在此發表反越戰演說。當時白人和非裔關係極其緊張，但大部分聽眾幾乎全是白人。在那之後 Sproul Plaza 成為許多學生在 1964～65 年抗議言論自由的地點，這個反骨、反傳統的校園文化也延續至今。

　　沿著 Sather Rd 往北，右轉至 South Dr，走 3 分鐘就可看到柏克萊最古老的建築 South Hall，現在是資訊系大樓，建於 1873 年，

▼ South Hall

▼ Sather Tower

也是校園內唯一遺留下來的老建築。往東看則是薩瑟塔 Sather Tower（又名 Campanile），全球第三高，可付費至頂端觀看東灣區風光。

若在校區內逛逛，你會注意到諾貝爾得主的專屬停車位上居然都停著破爛老爺車，這就是反骨天龍人的心性。學生也不太會背精品包，更常見到農夫市場買的文青帆布包，還要標榜有機材質。期末考時，還會有集體裸奔的傳統文化來幫助抒壓，是柏克萊的獨有特色。

$ 上薩瑟塔 $5　◷ 校園全日開放。薩瑟塔週一～五 10：00 ～ 16：00；週六 13：00 ～ 17：00；週日 10：00 ～ 13：00、15：00 ～ 17：00　♀ 2227 Piedmont Ave, Berkeley, CA 94720　☎（510）642-6000　🅿 校園內付費停車位或路邊停車。　⚠ 附近治安欠佳，請注意安全。

東灣美食 | 🍽

Berkeley Bowl Marketplace 超市平價美食

1977 年成立至今的獨立超市，販售多國食材，用親民價格就能買到有機在地新鮮蔬果，也有物超所值又美味的熟食區。

$ $10 起　◷ 09：00 ～ 20：00　♀ 2020 Oregon St. Berkeley, CA, 94703　☎（510）843-6929　🅿 附設免費停車場

La Note 法式早午餐

在地經營超過 25 年的法式早午餐，深受學生和在地人歡迎。

$ $16 起　♩ 平日 08：00 ～ 14：00、週末 08：00 ～ 15：00　♀ 2377 Shattuck Ave, Berkeley, CA 94704　☎（510）843-1525　🅿 路邊停車

▼ 新鮮披薩

Sliver Pizzeria 校園人氣美食披薩

自製酸種麵皮加新鮮配料，每天只賣一種披薩口味卻永遠大排長龍。食用時推薦一定要搭配特製的綠醬和辣醬。

$ 一個披薩 $28（約兩人份量）　♩ 11：00 ～ 22：30　♀ 2468 Telegraph Ave, Berkeley, CA 94704　☎（510）356-4044　🅿 路邊停車

北灣 North Bay

　　來到北灣可以放慢步調，花一天駕車
輕鬆逛。在 Marin County Scenic Vista
觀賞金門大橋最壯觀醒目。紅木森林是老
少咸宜的健行步道，美國環保之父約翰穆
爾 John Muir 曾將此地稱為愛樹者的殿
堂，景點也是以他的名字命名。開車置身
其中，彷彿來到與舊金山完全不同的芬多
精世界。

　　索薩利托海灣船隻風景會讓人聯想到
義大利阿瑪菲海岸，也能看到水上船屋。
以前美國禁酒令時期，船屋成為販賣私
酒的大本營，二戰後因為太多船屋屋主
選擇在此定居，還和附近居民產生糾紛，
引發 1970 年船屋之戰。現在約 7000 多
人居住於此。

▼ 金門大橋觀景臺

▼ Saualito 船屋

金門大橋觀景臺 Marin County Scenic Vistas

📍 景點定位 Golden Gate View Point Marin County ☎ （415）561-4700 🅿 免費路邊停車

紅木森林 Muir Woods National Monument

💲 成人 $15、15 歲以下免費 🕗 08：00 ～ 20：00 📍 1 Muir Woods Rd, Mill Valley, CA 94941（可定位 Muir Woods） ☎ （415）561-2850 🅿 免費停車場 ⚠ 可用國家公園年票 National Park Pass（年票購買 相關資訊請看 P.124）。若打算去紅衫樹國家公園或優勝美地，可省略這裡。

索薩利托海灣小鎮 Sausalito

📍 399 Bridgeway, Sausalito, CA 94965（可定位 Tiffany Park Sausalito） ☎ （415）289-4100 🅿 路邊 停車 ⚠ 可沿 Bridgeway 散步到 Downtown Sausalito。

全美最大酒鄉—納帕酒莊 Napa Valley

　　納帕酒莊在加州酒鄉裡只占 4%，卻由於地理位置優勢加上成功行銷，成為世界級的酒鄉，也是紅酒 Cabernet Sovignon 的最佳產地之一。納帕有高達 600 多個酒莊，卻占全美 5% 的 GDP 產值，遠超過迪士尼。

　　納帕距離舊金山市區約 1.5 小時車程，每個酒莊都有不同的釀酒方式。大部分酒莊會把最好的酒留在酒莊內販售，次等的才會放到市面上。建議參加導覽時可以品嘗質感較高的酒，光試喝就值回票價。以下推薦三個可在不同季節造訪的酒莊。

Beringer Vineyards：夏天的歷史酒莊

建議遊玩時間：1～2小時
推薦造訪時段：春天有花季，夏天是綠葡萄產季。

　　Beringer 成立於 1876 年，是納帕歷史最悠久、也最多人造訪的三大酒莊之一（另外兩家為 Mondovi 和 V. Sattui），更被列入國家古蹟名錄。不少好萊塢明星都曾造訪，包括《亂世佳人》的克拉克蓋博、貓王和基努李維等，也是當紅美食節目《Chopped》取景地。2022 年也被評選為納帕最佳導覽第一名。

💲 Legacy Cave Tour $35（半小時地窖導覽和品酒）；Taste of Beringer $95（75 分鐘家族酒莊導覽，品酒搭配季節點心）；有中文導覽，需事先預約。　🕙 10：00～17：00　📍 2000 Main St, St Helena, CA 94574　📞（707）257-5771　🅿 免費停車場

Robert Mondavi Winery：
秋天的現代酒莊

▼ 釀酒室

建議遊玩時間：約 2 小時
推薦造訪時段：9～10 月是採收季節，人潮最多

　　秋季是納帕酒鄉的旺季，空氣中瀰漫著葡萄香氣和甜味。創始人 Robert Mondavi 在 1943 年去歐洲將先進的釀酒技術帶回，又於 1969 年帶來一批法國廚師，將美酒和美食合併，其中就包括他老婆的閨蜜茉莉亞柴爾德（Julia Childs），也是電影《美味關係》主角。Mondavi 的建築設計也是在向加州第一批釀酒者——西班牙修道士致敬。這裡栽種的葡萄，前三年都要全部拋棄，第四年栽種的才能釀酒，手中一杯紅酒得用 630 顆小葡萄來換，真是「滴滴皆辛苦」。

▼ 試喝紅酒

💲 75 分鐘酒莊導覽 $65（品四支酒）；90 分鐘酒莊導覽 $145（品四支酒和小點心），建議事先預約。　🕙 11：00～16：00　📍 7801 St. Helena Highway, Oakville, CA, 94562　📞（888）777-6328 轉 2　🅿 附免費停車場　⚠ 酒莊於 2023 年進行起整修，品酒活動暫時搬至 Arch & Tower 園區（930 3rd St, Napa），預計 2024 年 8 月重新開放。

Castello di Amorosa：冬天的愛之堡酒莊

建議遊玩時間：2 小時
推薦造訪時段：冬季人潮最少，卻有金葉景致

　　冬季的納帕充滿沉靜美。最熱門三大酒莊之一的 V. Sattui 第四代繼承人 Dario Sattui 是城堡酒莊創始人。以 13 世紀義大利城堡為模型，打造 107 間房、護城河、高塔、深井、教堂和宴會廳等，花了 30 年完成。石頭均以手工切割，包括 8000 噸的當地石頭和 100 萬噸從歐洲運來的磚頭。古堡裝飾品和古董也都出自義大利工匠之手，打造出濃濃古堡風情。

　　除了古堡酒莊，V. Sattui 旗下的同名酒莊 V. Sattui Winery 也頗受歡迎，位於 Mondavi 酒莊附近，車程 5 分鐘。除了之前介紹的幾間酒莊，喜歡研究與愛喝酒的朋友也推薦 Joseph Phelps、Hall Winery 和 Sterling Winery。若在 12 至 2 月前來納帕，也可購買 $75 的冬季酒莊護照 Winter in the Wineries Passport，可在 15 間酒莊品酒和參觀。

$ Reserve Tasting Experience $60 起，20 歲以下 $25（品五支酒，行程約 110 分鐘）；Diamond Estate Tour $75（專人導覽城堡、品五支酒，行程約 2 小時）　**🕐** 週一～四 10：00 ～ 17：30；週五～日 10：00 ～ 18：00　**📍** 4045 St Helena Hwy, Calistoga, CA 94515　**📞**（707）967-6272　**🅿** 附免費停車場

▼ 色彩繽紛的宴客廳

▼ 義大利工匠打造的裝飾品

納帕美食 | 🍴

Fume Bistro & Bar 美式料理

納帕最好吃的手工洋蔥圈，也推薦法式鹹派 Quiche 和手工披薩。

$ 午餐 $25 起、晚餐 $35 起　**🕐** 週一～六 11：00 ～ 21：00；週日 10：00 ～ 21：00　**📍** 4050 Byway E, Napa, CA 94558　**📞**（707）257-1999

Ristorante Allegria 義式料理

建於 1916 年，由銀行改建而成。義大利麵和牛排很美味，麵包亞麻仁油沾醬則可以無限量索取。

$ 午餐 $25 起、晚餐 $35 起　**🕐** 週一～四 11：30 ～ 14：30 和 17：00 ～ 21：00；週五～六 11：30 ～ 21：30；週日 11：30 ～ 21：00。　**📍** 1026 1st St, Napa, CA 94559　**📞**（707）254-8006

Bottega Napa Valley 新美式料理

主廚 Michael Chiarello 在料理頻道 Food Network 赫赫有名，每道菜都像精緻藝術品，從前菜的香菇佐義式玉米泥、創意生魚片主菜到義大利麵都驚為天人，甜點的覆盆子甜度恰到好處，是非常值得的視覺和味覺饗宴。

💲 $35 起　🕐 週一 17：00 ～ 21：00；週二～四 12：00 ～ 21：00；週五～日 11：00 ～ 21：30。　📍 V Marketplace, 6525 Washington St, Yountville, CA 94599　📞（707）945-1050

全美最漂亮湖泊—太浩湖 Lake Tahoe

建議遊玩時間：1.5 ～ 2 天
推薦造訪時段：3 ～ 5、9 ～ 11 月為淡季，冬、夏人潮最多

　　太浩湖離舊金山車程 4 小時，位於加州和內華達州邊境，是全美第二深的湖，也是全美最大淡水高山湖。無論春夏健行或秋冬滑雪都很受歡迎，也經常被旅遊網站列為「全美最漂亮的湖泊」之一。不同於北美洲其他湖水，匯聚 63 條河川的太浩湖，水卻永遠流不到海洋。

　　繞太浩湖一圈約花 2 個多小時（不含景點停留時間）。南太浩湖較知名熱門，北太浩湖則相對幽靜。若只有 1 天，建議玩南太浩湖，尤其是太浩湖纜車。若有 2 天時間，則可把整個太浩湖玩透透。

　　從觀景臺為出發點順時鐘出發，可沿著湖畔開並且參觀以下景點。

▲ Heavenly Gondola 纜車

南太浩湖

- Heavenly 觀景臺：一趟 30 分鐘，
  早上 9：30 前人潮最少，觀景臺
  高 9123 英尺，可觀賞太浩湖和
  Sierra Nevada 山脈的美麗山景
  和樹林，頂端也有滑雪場，夏天
  則成為登山步道。

- Emerald Bay Inspiration Point
  翡翠灣：天氣好時可看到水面
  下 67 英尺的石頭。水面上的小
  島名為 Fannette，1860 年英國
  船長 Richard Barter 在上面建造
  個人墳墓和小教堂。但後來不幸
  遇難，打造的墓穴也沒機會住進
  去。

- Eagle's Lake 和 Eagle's Fall 老
  鷹瀑布和老鷹湖：翡翠灣隔壁的
  知名登山步道，約 2 英里長，攀
  爬時間約 1 小時。可看到瀑布和
  湖泊，冬天會結冰。

▲ Memorial Observation Point

▲ Cave Rock

北太浩湖

- Squaw Village：1960 年奧運地點，太浩湖第二大滑雪場。夏天會舉辦啤酒音樂祭和爵士音樂會。
- Memorial Observation Point：可走到湖邊的步道，能看到壯觀的礁岩和湖景。
- Sand Harbor Beach：不同於太浩湖東岸的粗沙，這裡是白色柔軟細沙，是海灘遊客的最愛。
- Logan Shoals Vista Point：熱門的戶外婚禮地點。
- Cave Rock：300 萬年前火山爆發時所形成，當地原住民認定有靈性，以前只有部落的巫師和醫者才能從南端進去。

　　若冬季來訪，需要攜帶雪鍊，可在 Walmart 購買，若沒用到可退還。冬季出發前最好事先查詢最天氣和路況（搜尋 City of SLT）。太浩湖也會公告要求安裝，臺灣人較少類似經驗，建議事先了解雪鍊安裝的方法，裝上雪鍊後車速會減半。

太浩湖纜車 Heavenly Gondola

$ 成人 $69 起、青年和敬老 $54、孩童 $34 ⏰ 09：00 ～ 16：00，不同季節時間有所變動，以官網公告為主（搜尋：Heavenly Ski Resort） 📍 4080 Lake Tahoe Blvd, South Lake Tahoe, CA 96150. 📞（772）586-7000 🅿 附免費停車場 ⚠ 不推薦觀景臺滑雪場 Heavenly Tamarack Lodge 的食物，建議自行攜帶飲食。

太浩湖美食 & 住宿 | 🍴 🏠

　　雖說南太浩湖商家林立，但在假日，許多口碑好的餐廳要排隊 1 小時以上。我通常會在超市採買食材自製料理，能省下外食費用和等待時間。除了以下住宿推薦，也可考慮 Airbnb 或 Vacation Rentals 山間小木屋。

Artemis Lakefront Café 湖景餐廳

　　價位親民的地中海式料理，還搭配湖景，可上網預訂。

$ $15 起　**⏰** 週日～四 08：00 ～ 22：00；週五～六 09：00 ～ 22：00　**📍** 900 Ski Run Blvd. South Lake Tahoe, CA 96150　**📞**（530）542-3332　**🅿** 免費停車場

Base Camp Pizza Co. 手工披薩

　　纜車附近的手工披薩店，有現場音樂表演。

$ 個人披薩 $17.50 起、兩人份大披薩 $34　**⏰** 週日～四 11：00 ～ 21：00；週五～六 11：00 ～ 22：00
📍 1001 Heavenly Village Way #25a, South Lake Tahoe, CA 96150　**📞**（530）544-2273　**🅿** 免費停車場

Stardust Lodge

　　安靜溫馨的家庭式旅館，可步行至纜車和湖邊。

$ $139 起　**📍** 4061 Lake Tahoe Blvd., South Lake Tahoe, CA 96150　**📞**（530）544-5211　**🏠** 免費 Wifi、免費早餐、廚房冰箱和簡單廚具、咖啡機、保險箱、露天溫水泳池和三溫暖，免費停車位。

Part 4

中加州

Central California

「耶和華是偉大的神，是超越眾神的大君王。地的深處在祂手中，山的高峰也都屬祂。海洋屬祂，因為是祂創造的，陸地也是祂的手造成的。」

──〈詩篇 95：4-5〉

▶ 中加州

　　若打算玩 2 ～ 3 個以上的國家公園，像是優勝美地、紅杉樹、死亡谷、約書亞樹、卡布里歐雕像，甚至是大峽谷、布萊斯或錫安等，可考慮購買國家公園年票 Interagency National Park Pass（別稱為 America the Beautiful Pass，顧名思義就是一張票讓你看盡美國國家公園的大山大水），一年 $80，讓你一年可無限次進出美國各州所有國家公園，比購買個別門票划算許多。在各國家公園入口和遊客中心都有販售。

優勝美地國家公園

Yosemite National Park

　　瀑步到峽谷，深山至溪流，優勝美地是眾多美國國家公園的再訪率第一名，也被列入世界文化遺產。優勝美地占地龐大，認真玩起來一個禮拜都不夠，但大部分景點都集中在優勝美地峽谷。以下將分成三部分介紹。

建議遊玩時間：3 ～ 7 天
推薦造訪時段：春季瀑布水量最大；夏季日照最長但人潮也最多；冬季有雪景，但某些景點和道路會關閉。
貼心小提醒：優勝美地有 3 個西邊的出入口，北邊 120 公路離舊金山最近，約 4 小時車程，最陡峭和最少燈光，冬季有時關閉。中間 140 公路經過 El Portal，雖說比 120 公路長卻更加平穩好走。南端 41 公路從洛杉磯出發最直接，車程約 6 小時。

▶ 優勝美地

中間峽谷區 Yosemite Valley

　　峽谷區是優勝美地的中心，生活機能也最便利，可補給食物和必需品，幸運時還能收到手機訊號。這裡景點最集中，可規劃 1 至 1.5 天。遊客中心以東可用步行、騎車、開車或園區巴士遊覽（搜尋：Yosemite Valley Shuttle System）。遊客中心以西的酋長岩等景點則需駕車前往，建議下午去才會順光。

▼ 峽谷區所看到的上段瀑布

▼ 遊園巴士

▲ Vernal Fall

▶ 遊客中心以東：優勝美地瀑布 Yosemite Fall、庫克草原 Cook's Meadow

　　出遊客中心後走到 Village Dr 往右，碰到 Northside Dr 往右轉，走 17 分鐘會遇到 Yosemite Valley Lodge，西邊是壯觀的優勝美地瀑布，739 公尺高，是全北美洲最大、全世界第五大瀑布。每年冬季積雪融化時，形成氣勢磅礡的瀑布，初秋開始水量遞減。瀑布分上下段，沿 Lower Yosemite Fall Trail 方向走 5 分鐘可近距離觀賞下段瀑布。體力較好的朋友可沿 Upper Yosemite Fall Trail 的指標走，攀爬 1.5 至 2 小時，近距離欣賞上段瀑布。

　　看完瀑布後，沿著 Cook's Meadow Loop 走到 Sentinel Bridge，可看到海拔 2,682 公尺高的 Half Dome，這是園內最難的登山路線，每年吸引幾千人來挑戰。聽著潺潺流水聲，眼前的 Merced River 貫穿整個峽谷。別小看它娟秀的模樣，在 1997 年曾暴漲，淹過你腳踩的這座橋，造成園區史上規模最大的水災。沿著 Southside Dr 往西南方走，左邊會有一間雅致小教堂 Yosemite Valley Chapel，是優勝美地歷史最悠久的建築。往回沿 Southside 朝北走，左轉於 Cook's Meadow Dr 來到草原中央被群山包圍。最後朝北走，於 Village Dr 右轉即可回到遊客中心。

▼ 古典教堂

▼ 壯觀的庫克草原

▼ 酋長岩

另外推薦兩條登山步道：

- Mist Trail（中等）：從 Happy Isles 出發，約 6 英里，攀爬時間 4-6 小時，夏天開放。可欣賞 Vernal Fall 和 Nevada Falls，下午可能碰到彩虹。可原路返回或走 John Muir 回來，相對平坦但路程會多 1.2 英里。Mist Trail 也囊括在 Panorama Trail 中，若時間體力允許我更推薦 Panorama Trail（請看 P.129）。
- 鏡子湖（簡單）：從 Mirror Lake Trailhead 出發，夏天才有水，冬天則是草原狀。約 2 英里，攀爬時間約 1 小時，可看到 Mount Watkins 和 Washington Column。

▲ Nevada Falls

▶ 遊客中心以西：El Capitan 酋長岩、白紗瀑布、Valley View 和 Tunnel View

從 El Capitan Bridge 酋長橋為起點，往北望就可看到酋長岩，約 1,100 公尺高，是紐約帝國大廈的三倍，光底部就 1.6 公里長，被列為世界十大攀岩地點之一，每年吸引無數攀岩選手來挑戰。南邊可看到山頂尖銳線條的教堂石 Cathedral Rock。

繼續往前沿著 Merced River 往前約兩英里，來到 Pohono Bridge，往東會看到壯觀的溪水峽谷 Valley View，是欣賞夕陽的好去處。右邊的瀑布是知名的白紗瀑布 Bridalveil Fall。據說盯著瀑布不眨眼 30 秒，會在 3 個月內終結單身。是否靈驗至今仍不可考，歡迎大家試試看。

走過 Pohono Bridge，沿 South Side Dr 約 1 英里，即可沿著 Bridalveil Trail 看瀑布。看完後在 Wawona Road 往西前進，走 1.6 英里後會看到壯觀的隧道之景 Tunnel View（請看 P.122 中加州主圖），以身旁隧道命名，用 275 噸炸藥並花費近 $85 萬美元外加工人全年無休的狀態下於 1933 年完工。這條隧道也可通往冰河點 Glacier Point 和園區出入口。

▼ 白紗瀑布

▼ Valley View

▲ Glacier Point 的 Half Done

夏季限定：東邊冰河點 Glacier Point

只有 5 ~ 10 月開放，可站在海拔 2200 公尺的高度看優勝美地峽谷。之所以有 U 型峽谷，是因為冰河結冰後在峽谷中膨脹，數十億年累積下刻劃出了峽谷，就像上帝的手以冰為刃，雕刻出優勝美地。旺季時人潮眾多，離峽谷區約 1 小時車程。若停車位已滿，工作人員會指引你去附近停車場，再步行或搭園內接駁車過來。也可搭乘園區內付費專車，從 Yosemite Lodge 搭到 Glaicer Point（來回票 $57 美元，搜尋 Glacier Point Tour）後，有 1 小時自由活動時間，再原車返回。

▶ 冰河點周遭景點：

- Washburn Point：沿冰河點公路爬坡時，在還沒到冰河點前會先經過這裡，能更清楚看到 Vernal Falls 和 Nevada Falls。
- Glacier Point：停好車後沿指標走 1 英里的平坦路徑，除了 Nevada 和 Vernal Falls，可一次看到優勝美地上下段瀑布、Half Dome 和優勝美地峽谷。左邊可看到 Overhanging Rock，眼前中間的山石包括最高的 Mt. Hoffman（約 10850 英尺），以及底下兩個

▲ Glacier Point Tour 專車

步道	Sentinel Dome Hike	Taft Point	Dewey Point	Panorama Trail
難度	簡單	簡單	中等	困難
長度	2.2 英里	2.2 英里	7.4 英里	8.5 英里
花費時間	1 ~ 2 小時	1 ~ 2 小時	4 ~ 6 小時	6 ~ 8 小時

▲ 建議至少花 1 天享受冰河點的登山步道

North Dame（7542 英尺）和 Basket Dome（7612 英尺），山石底端的弧形也有 Royal Arches 美名。

- Sentinel Dome Hike：Sentinel Dome Trailhead 出發，有兩條步道，是我爬過優勝美地步道中 CP 值最高，能看到重量級美景。能看到 Sentinel Dome 360 度全景並近距離看 Half Dome，頂端還有一個從岩縫中成長多年的小樹 Jeffrey Pine。

- Taft Point：同樣是從 Sentinel Dome Trailhead 出發，美國總統 William Taft 和國家公園之父約翰謬爾 John Muir 曾從冰河點爬到谷底，在此稍作停留吃炸雞當午餐，被命名為 Taft Point。沿著 Taft Point 觀景臺朝左邊走幾分鐘有另一個巨岩，從觀景臺上拍過來就像站在峭壁上。

- Dewey Point：McGurk Meadow Trailhead 為起點，1 英里處會碰到 McGurk Meadow 和 McGurk Cabin，是園區內難得的歷史性建築。 3 英里處經過乾掉的小溪，約 4 英里來到 Dewey Point，可看到酋長岩、峽谷和 Cloud 9。

- Panorama Trail：搭乘園區 Glacier Point Tour 付費專車到冰河點（搜尋 Glacier Point Tour，單趟 $28.50 起），從頂端爬至峽谷內，沿途可近距離觀賞 Illilouette Fall、Panorama Point、Nevada Falls 和 Vernal Falls。

▼ Sentinel Dome 全景景觀

▼ 站在岩壁上的 Taft Point

▼ McGurk Meadow

▼ Tenaya Lake 山中湖

其他區域

優勝美地東邊的 Lee Vining 是所有入口中人潮最少的地點，如果從 Mammoth Lakes 馬麥斯湖一路玩到優勝美地，千萬不能錯過北邊 Tioga Pass Valley Road。夏季開放的 Tioga Pass 通往峽谷區，車程約 2 小時，沿途建議停靠風景壯觀的 Tioga Pass Road Valley View、Ellery Lake、Tioga Lake、Lembert Dome、Tuolumne Meadows（優勝美地海拔最高的大草原）、Tenaya Lake（有閃亮石頭的山中湖，水質清澈）和 Olmsted Point（可看到 Half Dome 背面）。

南邊 Mariposa Grove 有號稱 1800 年的古老紅衫樹，以及 Arch Rock 和 Wawona 草原，但若打算去紅衫樹國家公園則可省略這區。

$ 一車 $35（可使用 1 週），可使用國家公園年票。 **♀** 9035 Village Drive, Yosemite National Park, CA 95389 **☎**（209）372-0200 **⚠** 11 ～ 4 月雨雪最多，設施和道路可能關閉，出發前請查詢最新路況（官網搜尋 Yosemite current conditions）。雖說登山需要水和乾糧，但因為野生動物的關係，要避免長時間留食物在車裡，或裝在防熊袋（Bear Resistant Food Containers）內。

優勝美地住宿 | 🏠

住園區內能省去拉車時間，看夕陽或日出也方便。缺點是手機收訊不太好，設備、食物也相對簡單。住在園區外，車程要多加 1 ～ 2 小時，但空間寬敞，生活機能更便利。

The Ahwahnee Hotel

氣派的四星級 The Ahwahnee Hotel，招待過伊莉莎白女王、雷根總統、賈伯斯、卓別林、華特迪士尼等貴賓，也是國家級古蹟。Grand Dining Room 有現場演奏，週末時有生蠔、龍蝦等豐富海鮮的早午餐。

$ $372 起 **♀** 1 Ahwahnee Dr, Yosemite Valley, CA 95389 **☎**（888）413-8869 **☁** 免費 Wifi、電視、冰箱、咖啡機、冷氣、保險箱、游泳池、免費停車。

Yosemite Vallely Lodge

能步行到峽谷區景點，是園區內最熱門的住宿地點。建議半年前預訂。

$ $210 起 **♀** 9006 Yosemite Lodge Dr, Yosemite Valley, CA 95389 **☎**（888）413-8869 **⌂** 免費 Wifi、電視、冰箱、咖啡機、冷氣、保險箱、戶外泳池、免費停車。

Yosemite West Vacation Rental

5～10月開放。環境清幽，位於冰河點和峽谷中間，離2個景點都約半小時，交通方便。有不同房型可選擇，可自行烹調飲食。

$ $200 起 **♀** 請輸入搜尋 Yosemite West Scenic Wonder **☎**（888）967-3648 **⌂** 免費 Wifi、電視、冰箱、廚具設備、咖啡機、冷氣、保險箱、免費停車。

Yosemite View Lodge at El Portal

離國家公園入口20分鐘車程的三星旅館，位於青山和溪流旁。

$ $289 起 **♀** 11136 Highway 140, El Portal, CA 95318 **☎**（209）379-2681 **⌂** 簡易廚具、咖啡壺、電視、冰箱、按摩浴缸、室內和室外泳池、大廳提供基本食材可自製簡易料理，免費停車。

▲ Zabriskie Point

梅基特沙丘

馬賽克峽谷

遊客中心

Zabriskie Point

藝術家調色盤

二十騾隊峽谷

魔鬼高爾夫球場

Death Valley Junction

惡水盆地

丹堤之景夕陽

▶ 死亡谷

死亡谷國家公園

Death Valley National Park

建議遊玩時間：1.5 天
推薦造訪時段：10 ～ 4 月

　　1849 年冬，拓荒者發現死氣沉沉，幾乎零水源，連植物也難以生存的大片土地。悲觀篤定此地是自己的葬身之處，故取名為「死亡谷」。乍聽之下名聲恐怖，卻有意想不到的壯麗景觀，也是美國本土除了阿拉斯加最大的國家公園。這裡是

▲ 丹堤之景夕陽

▲ 魔鬼高爾夫球場

西半球海拔第二低點，也是《星際大戰》四部曲取景地。

　　來到死亡谷遊玩，最不建議夏季來訪，因為這裡是全美國最熱最乾燥的地方，溫度高或下雨時也要注意避免在低窪地區或峽谷區逗留。

　　園區分為四區：Furnace Creek、Stovepipe Wells、Scotty Castle、Penamint Springs，大部分景點集中在 Furnace Creek 和 Stovepipe Wells 附近。由西邊入口 Death Valley Junction 入園，在 190 公路上看到丹堤之景 Dante's View 標誌左轉，沿著蜿蜒山路攀爬會來到死亡谷最高點，有 5000 英尺高，也是園區內最陰涼舒服的地方。往下看到白色部分便是北半球最低點「惡水盆地」。之後由原路返回 190 公路，一路往西開，來到二十騾隊峽谷 Twenty Mule Team Canyon。死亡谷曾盛產洗衣精的原料硼砂，許多中國移民曾在此做工挖掘，由於硼砂厚重，得用二十騾隊車馬運送，故得此名。

　　繼續往西開 20 分鐘，會碰到 Zabriskie Point，特殊紋路宛如溶於冰淇淋上的巧克力糖漿，是因為火山爆發和地震所導致的砂石堆疊。難以想像 30 ～ 50 億年前，這裡曾是水資源豐富的湖泊及山丘。繼續向西，看到 Badwater Rd 後左轉，開約 6 英里後於砂石路 West Side Rd 右轉，會來到魔鬼高爾夫球場 Devil's Golf Course，也是北美洲最大鹽田。由於結晶的鹽隨著雨水風化侵蝕，造就出凹凸不

▲ 惡水盆地

▲ 藝術家調色盤

▲ 梅基特沙丘

平的地勢景觀。溫度高時,甚至能聽到鹽塊膨脹和收縮的聲音。

於 Badwater Rd 右轉,往南開 15 分鐘就來到惡水盆地 Badwater Basin,這裡將近海拔底下 86 公尺。早年勘查人員看到眼前水源原本興奮得要牽驢喝水,不料是鹹鹹的鹽水,因而在記錄寫下「badwater」,流傳至今。眼前白花花的全是鹽田。若夏季來訪,不建議在上面行走。

看完惡水盆地後迴轉,於 Badwater Rd 往北開,約 5 英里後在 Artist Dr 右轉,這裡沒標誌,但接下來 9 英里單向道路很適合隨走隨拍,繞一圈帶你回 Badwater Dr。藝術家調色盤 Artist Palette 下午光線尤其迷人,如調色盤般閃著不同的顏色,也是電影《星際大戰》中機器人 R2D2 被綁架的地方。

繼續往 Badwater Dr 北開,左轉於 190W 公路,途中經過 Furnace Creek 酒店,於 Airport Rd 左轉,便可來到 Furnace Creek 遊客中心歇息加油。休息片刻,沿 190 號公路往西開 25 分鐘來梅基特沙丘 Mesquite Sand Dunes,也是《星際大戰》塔圖因取景地,能看到沙丘在夕陽照射下顯示美麗波紋。若時間允許,繼續往西開 10 分鐘,於石子路 Mosaic Canyon Rd 左轉,來到馬賽克峽谷 Mosaic Canyon,又稱「露天的地質博物館」,可觀賞被大水沖刷過後的天然大理石岩壁。馬賽克峽谷全程大約 4 英里長,重頭戲在前 0.5 英里那窄小蜿蜒的步道,建議至少步行 1 英里後再返回。若還有時間可去北邊史考特城堡區域(車程 1 小時)的彈坑 Ubehebe Crater,觀看因火山爆發而造成的 600 英尺深坑。

$ 一車 $30,可使用國家公園年票 ♥ 328 Greenland Blvd, Death Valley, CA 92328 ✆ (760)786-3200 ⚠ 園內機能有限,自帶飲食和水是最經濟實惠的選擇,而且有可能收不到手機訊號。

▶ 馬賽克峽谷

死亡谷住宿 🏠

The Inn At Death Valley

園區內具歷史的三星級酒店，1927 年建立，老明星克拉克蓋博和馬龍白蘭度都曾造訪，裡面有餐廳和游泳池等各樣設施，號稱沙漠中的綠洲，當然費用也不便宜。

💲 $231 起　📍 California 190, Death Valley, CA 92328　📞（760）786-2345　🏠 免費 Wifi、提供熱咖啡，冷氣、電視、冰箱、健身房、Spa、網球場、露天溫水泳池、免費停車位。

Amargosa Opera House

創始人 Marta 於 1967 年路過死亡谷，因爆胎而被迫停留數日，卻對此地一見鍾情，放下紐約芭蕾舞事業買下土地改裝成歌劇院和酒店。離死亡谷入口 30 分鐘車程，可花 $15 參觀歌劇院或 $30 欣賞演出。

💲 $113 起　📍 608 Death Valley Jct, Death Valley, CA 92328　📞（760）852-4441　🏠 大廳免費 Wifi、熱咖啡，公用微波爐、冰箱、免費停車位。

▼ 歌劇院內壁畫全由 Marta 親手繪製

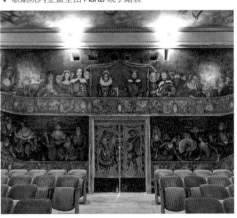

▲ Grant Tree

▼ General Sherman 步道

180 號公路

Panoramic Point

Grant Tree

國王谷國家公園

General Sherman Tree

Tunnel Log

Moro Rock

紅杉樹國家公園

▶ 紅杉樹和國王谷

紅衫樹和國王谷國家公園

Sequoia and Kings Canyon National Park

建議遊玩時間：1.5 ～ 2 天
推薦造訪時段：4 ～ 9 月

　　紅衫樹國家公園除了擁有全世界最大樹木，也擁有美國本土（不含離島夏威夷和阿拉斯加）最高的山脈 Mount Whitney 和豐富植物物種，加州有 2 成物種都來自於此。拜高山樹林之賜，紅杉樹國王谷國家公園在 1976 年被列為聯合國世界文化遺產。園區道路雖九彎十八拐，但只要沿著 Generals Highway 開就不會迷路。以下是由南到北值得一看的景點：

紅衫樹

- Moro Rock：攀爬350個階梯到看臺，能看到360度的Sierra Nevada山巒景致。
- Tunnel Log：倒塌的樹成為車子可經過的隧道，據說樹齡超過2000年。
- General Sherman Tree：樹中之王，寬度和體積都是世界最大，若裡面體積裝滿水，可供洗澡9844次。

▲ Moro Rock 的階梯看臺

▲ Panoramic Point

國王谷

- Panoramic Point：能遠眺 Sierra Nevada、Mt. Whitney 和優勝美地。
- Grant Tree：世界三大樹木之一，樹齡1700年，以南北戰爭的北方大將軍 Ulysses S Grant 名字命名，後來也成為美國總統。
- Scenic Byway 景觀道路：180 號公路，擁有北美洲最陡峭的垂直地勢，成就驚為天人的景觀。完全不停路程 1 小時，仔細玩能玩一天。景點包括 Junction View、鐘乳石洞、Grizzly Falls、和 Zumwalt Meadow 登山步道（1.5 英里長，攀爬時間 1 ～ 2 小時）。巨石景觀不輸優勝美地，還可能遇到黑熊出沒。

💲 一車 \$35，可使用國家公園年票　📍 47050 Generals Highway, Three Rivers, CA 93271　📞（599）565-3341　⚠️ 冬天可能因下雪封路，出發前建議洽官網（搜尋 Sequoia Current Conditions）。

▼ Scenic Byway 景觀道路

▼ Zumult Meadow 步道

紅杉樹和國王谷住宿 | 🏠

Wuksachi Lodge

紅衫樹國家公園內唯一酒店，位於海拔 7200 英尺的高山樹林中，空氣清新。附設餐廳。旁邊是 General Sherman Tree，酒店後是條小步道。冬季關閉。

$ $283 起　📍 64740 Wuksachi Way, Sequoia National Park, CA 93262　📞（866）807-3598　🏠 大廳免費 Wifi、暖氣、電視、冰箱、免費停車位。

John Muir Lodge

離國王谷 Grant Grove 樹群步行可達，地理位置極佳。大廳提供有拼圖、桌遊和微波爐。冬季關閉。

$ $249 起　📍 Kings Canyon National Park, 86728 CA-180, Hume, CA 93633　📞（866）807-3598　🏠 大廳免費 Wifi、暖氣、電視、冰箱、免費停車位。

洛杉磯到舊金山，沿路這樣玩

　　很多人提到加州，就想到一北一南的舊金山和洛杉磯，其實兩個城市間的中加州是美國農業大國，新鮮蔬果大部分都產自於此，酒莊也是一大產業。雖說不比北加州的納帕有名高貴，但美國有 9 成以上的酒都產自加州，就是拜氣候得宜的中加州所賜。以下分享往返洛杉磯到舊金山的 5 號、101 號和 1 號公路，三條路線都有可看之處。

最快速的 5 號公路

　　車程 5.5 小時，最快速也最荒郊野外，沒太多景點，想省時間選這條準沒錯。不過途經許多農畜牧業產地，充滿了牛糞味，絕對是畢生難忘、回「味」無窮的體驗。

山線的 101 號公路

　　車程 6 ～ 7 小時，可花 2 ～ 3 天遊玩。可以洛杉磯為起點，沿途停留 Camarillo Outlet、雷根總統圖書館、聖塔芭芭拉、丹麥村、聖路易斯奧比斯堡等。

Camarillo Outlet

擁有 160 間店家，包括 Versace、Armani、Ann Taylor、Converse 到 Calvin Klein 等都在此進駐。

🎵 10：00 ～ 20：00　📍 740 Ventura Blvd, Camarillo, CA 93010　📞（805）445-8520　🅿 免費停車場

雷根總統圖書館 Ronald Reagan Presidential Library

美國第 40 任總統雷根於 1980 年的競選口號你或許有聽過：「Let's Make America Great Again.」這句口號被川普在 2016 年複製，兩人都跌破眼鏡地成功當選美國總統。

雷根圖書館有三大看點：一比一複製的白宮辦公室、柏林圍牆和空軍一號。複製白宮內的飾品和畫都大有來頭。柏林圍牆則紀念雷根善於斡旋的外交手腕；展示的空軍一號曾載過 7 位總統。戶外花園則是雷根總統和夫人的長眠地點。

圖書館現在是歷屆共和黨總統大選的初選辯論會地點，也是美國境內 13 個總統圖書館中規模最大的。雷根帶給美國的影響極其深遠，終結冷戰、振興經濟、並讓美國拾回驕傲與自尊，但也增加了貧富差距。雖然評價各有褒貶，但他執政時期是美國保守派至今依舊緬懷的黃金歲月。

💲 $29.95 起，耳機導覽 $3　🎵 10：00 ～ 17：00　📍 40 Presidential Dr, Simi Valley, CA 93065　📞（805）522-2977　🅿 免費停車場

▼ 複製白宮

▼ 空軍一號

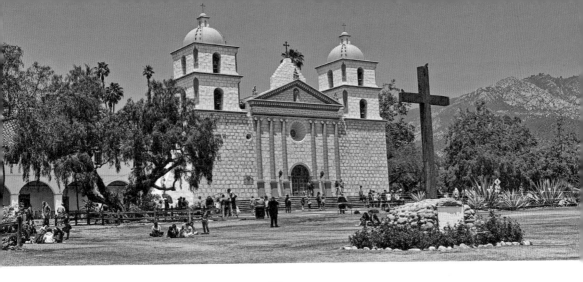

聖塔芭芭拉 Santa Barbara

1786 年 12 月 4 日，西班牙神父建立傳道所，剛好是天主教聖塔芭芭拉紀念日，城市以此命名。少了洛杉磯的擁擠，依舊有完美天氣和愜意氛圍，這裡是退休人士的最愛，近年來更是明星住所的首選，歐普拉、凱蒂佩芮、湯姆克魯斯、哈利與梅根都在此落腳。

聖塔芭芭拉傳道所 Old Santa Barbara Mission 1786

傳道所保存完善，有「傳道所之后」Queen of the Missions 美譽，更被列為國家史蹟名錄。教堂內地板有動物足跡，眼前牆壁以當年限有科技建蓋。後面的神聖花園一直到 1961 年都是女賓止步。前任英國女王伊莉莎白二世曾在傾盆大雨中和雷根夫人來此參觀。

站在傳道所前，想像 200 多年前此地空無一物，在沙漠行走三天後看到這座建築，和善的神父邀請你入內休憩並免費招待熱騰騰的食物，當下心中所擁有的感動。

$ $25　⏱ 09：30 ～ 16：00　📍 2201 Laguna St. Santa Barbara, California　📞（805）682-4149　⚠ 週五、日 12：30；週六 10：30 有 1 小時導覽　🅿 免費路邊停車。

▼ 祭壇

▼ 神聖花園

▲ 法院外觀

▲ 監事房間

聖塔芭芭拉法院 Santa Barbara County Courthouse

　　聖塔芭芭拉位於地震帶，1925 年大地震災情嚴重，剛好給它改頭換面的機會。政府決定以地中海式建築重建法院，好讓其他建築爭相效仿，如今這間法院成為全美最美麗的公家機關之一。入口進去的鐘樓天花板造型以西班牙修道院為靈感，二樓則有羅馬式玫瑰窗和伊斯蘭式磁磚。右邊會看到監事房間 Board of Supervisors'Room，以生動壁畫紀載當地歷史。頂樓的鐘塔可一窺聖塔芭芭拉全城風貌。

🕐 週一～五 08：00 ～ 17：00、週末 10：00 ～ 17：00　📍 1100 Anacapa St, Santa Barbara, CA 93101
📞（805）962-6464　⚠ 1 小時專人導覽：週一～五 10：30 和每日 14：00　🅿 免費路邊停車。

史登斯碼頭 Stearns Wharf

　　State St 的市中心徒步區可一路通到史登斯碼頭，是舊金山和洛杉磯之間最長的深水碼頭。吃海鮮喝啤酒之餘，可沿著海岸線往西南方步行至漁港，附近有新鮮魚市場和漁船身影，這裡也曾是真人實境秀《驚險大挑戰》總決賽場地。

聖塔芭芭拉美食＆住宿 | 🍴 🏠

Santa Barbara Shellfish Company 海鮮餐廳

1980 年營業至今，可內用也有外賣窗口，取餐後坐在甲板上享用。

💲 $15 起，海鮮以時價計算　🕐 11：00～21：00　📍 230 Stearns Wharf, Santa Barbara, CA 93109
📞（805）966-6676　🅿 免費停車 90 分鐘

Brophy Bros 美式料理

面對海港的景觀餐廳，推薦生蠔和海鮮料理。

💲 $20 起　🕐 11：00～22：00　📍 119 Harbor Way, Santa Barbara, CA 93109　📞（805）966-4418
🅿 免費停車 90 分鐘

▲ 下午茶

Bath Street Inn

　1890 年創建的維多利亞民宿 B&B，步行 10 分鐘至 State St，下午茶招待豐盛甜點， happy hour 提供酒和起司，晚上還有甜點和茶。

$ \$ $ \$230 起　📍 1720 Bath St, Santa Barbara, CA 93101　📞 （805）682-9680　🏠 免費 Wifi、含豐盛早餐、茶跟咖啡、免費停車位。

Solvang 丹麥村

　Solvang 在丹麥語意為「陽光之田」，成立於 1911 年。1939 年，丹麥 Frederick 王子和 Ingrid 公主曾造訪，現在每年約有 100 萬人觀光客來此。

　安徒生博物館可免費參觀，有雕像和生前書籍文物。除了和風車拍照，也可參觀曾上演《哈姆雷特》和《西城故事》的歐式露天劇場，和講述丹麥藝術歷史的 Elverhøj 博物館。

安徒生博物館
Hans Christian
Andersen Museum

$ \$ $ 10：00 ～ 16：00　📍 1680 Mission Dr, Solvang, CA 93463　📞 （805）688-2052　🅿 免費路邊停車

丹麥村美食 | 🍴🍽️

Paula's Pancake House

　號稱 Santa Ynez Valley 在地最棒
的早餐,以道地的大張薄皮製作丹
麥式鬆餅,搭配水果或不同醬汁。

$ $15 起　**⏱** 07：00 ～ 15：00　**📍** 1531
Mission Dr, Solvang, CA 93463　**📞**（805）688-
2867

▲ 口香糖牆

▲ SLO 米訓所

聖路易奧比斯堡 San Luis Obispo

簡稱 SLO，是位於洛杉磯與舊金山之間的山城小鎮，離兩個大城都差不多 4 小時車程。1772 年被西班牙人發掘，成為加州最老的城鎮之一。這裡因土壤富庶被西班牙人選為米訓所地點（Missions，也就是傳道所），正好當作小鎮內的散步起點，走約 5 分鐘就會走到鎮上的小溪，溪邊有好幾間露天餐廳。

沿著 Broad St 往東南方走會碰到知名的口香糖巷弄 Bubblegum Alley，4.6 公尺高、21 公尺長的巷子內，兩面牆壁全都被口香糖沾滿。

從這裡開車往東 20 分鐘的 Los Osos 觀景臺，可以欣賞全景風貌，草原平常是金黃色，到了春天則會變成不同層次的深淺綠。遠方可眺望到海，另一端則是 SLO 最高山峰 Bishop Peak。接著開車往南 45 分鐘到 Pismo Beach 看海吃海鮮。

米訓所 Mission SLO ♀ 751 Palm St, SLO, CA 93401
口香糖巷 Bubblegum Alley ♀ 733 Higuera St, SLO, CA 93401
Los Osos 觀景臺 ♀ 4425 Prefumo Canyon Rd, Los Osos, CA 93402

SLO 美食 & 住宿 | 🍴 🏠

Novo Restaurant and Lounge 河岸餐廳

曾被評選為最佳戶外餐廳，位於溪流旁被樹林環繞，推薦早午餐可麗餅和三明治，建議事先定位。

$ $20 起　🕐 週一～六 11：00 ～ 21：00、週日 10：00 ～ 21：00　📍 726 Higuera St, San Luis Obispo, CA 93401　📞（805）543-3986

▲ Pismo Beach

Ada Fish House 海鮮餐廳

位於 Pismo Beach 附近的義式海鮮，推薦生蠔、海鮮、義式海鮮湯和義大利麵。

$ $25 起　🕐 週日～四 11：30 ～ 21：30；週五～六 11：30 ～ 22：00　📍 558 Price St, Pismo Beach, CA 93449　📞（805）556-3077

Old West Cinnamon Rolls 肉桂捲

　Pismo Beach 旁知名的 40 年歷史老店，常大排長龍。

$ $10 起　⏱ 06：30 ～ 18：00　📍 861 Dolliver St, Pismo Beach, CA 93449　📞（805）773-1428

Pismo Lighthouse Suites

　家庭式三星級酒店，部分房型可看海景。所有房型都有獨立客廳，家庭套房 Family Suite 含兩房兩衛浴，空間寬敞，也有適合親子的遊樂設施。

$ $153 起　📍 2411 Price St, Pismo Beach, CA 93449　📞（805）773-2411　🏠 免費 Wifi、含豐盛早餐、24 小時供應茶跟咖啡、三溫暖池和溫水泳池、羽毛球桌球和網球場、免費停車位。

蜿蜒海岸的 1 號公路

　　1 號公路風景最秀麗也最長，沿路不停的話光車程也要 7～8 小時，認真玩一趟大概得花 4～7 天。蜿蜒的海岸線配上雄偉的山谷，沿途景觀就是最大賣點。要留意冬季下雨或山崩時 1 號公路會關閉，有時會起濃霧，夜晚開車要特別小心。

赫式城堡 Hearst Castle

　　赫式城堡源起於媒體大亨赫斯特，在 30 年代打造美國出名的腥羶色媒體 **Hearst Communications**，每日有千萬人閱讀。赫式城堡由他和第一位畢業於柏克萊機械系的女性建築師茱莉亞摩親自操刀，以威尼斯為靈感來源，打造出金碧輝煌的赫式城堡。赫斯特的髮妻替他生了 5 個孩子並且住在紐約，而女演員出身的情婦 Marion Davies 則在赫式城堡陪伴他。他和情婦在古堡內招待過許多知名貴賓，包括英國首相邱吉爾和美國總統 Calvin Coolidge。

赫式城堡不能自由參觀，須選擇不同導覽行程，搭乘接駁車前往。導覽共有 7 種，每種行程約 70～100 分鐘不等。以下推薦 4 種：

Tour 名稱	時間	費用	參觀場所
Grand Rooms Tour	白天	$30	客廳、餐廳、羅馬室內泳池、娛樂室、花園、海王星室外泳池、電影放映室。
Upstairs Suites Tour	白天	$30	臥房 Doge's Suite、圖書館、Gothic Suite 赫氏私人閱讀室、Duplex 樓中樓房間、Celestial Suite 金色天堂房、花園、海王星室外泳池、羅馬室內泳池。
Evening Tour（春、秋季開放）	晚上	$41	客廳、餐廳、羅馬室內泳池、娛樂室、花園、天王星室外泳池、電影放映室、廚房、賓客別館、Gothic Suite 赫氏私人閱讀室、圖書館。 包含上面 2 個 Tour 的精華，推薦只想選一種導覽的人。會有導覽人員打扮成 30 年代賓客，讓你回到過去。
Holiday Twilight Tour（聖誕節前 1 個月開放）	晚上	$35	客廳、餐廳、羅馬室內泳池、娛樂室、花園、天王星室外泳池、電影放映室、廚房、賓客別館、Gothic Suite 赫氏私人閱讀室、圖書館。

$ $30 起，視導覽而定　● 09：00～晚上最後一團結束　♥ 750 Hearst Castle Rd, San Simeon, CA 93452
✆（800）444-4445　🅿 附免費停車場　⚠ 白天團導覽結束後可自由活動，逛花園、羅馬浴池、海王星泳池等，再搭回程公車。17：00 前開始清場，晚上團無自由參觀時間。

▼ 城堡外觀和花園

▼ 宴客廳

▼ 赫斯特私人讀書室

▼ 客廳

▼ 貴氣的臥室

▼ 羅馬浴池

赫式城堡美食 | 🍽

Robin's Restaurant 新美式餐廳

被 SLO 時報評為最棒北岸餐廳，設有露天座位，不時有現場演奏。裝潢精巧且食物美味，三明治口感清爽。

💲 $20 起 🕐 午餐：週一～六 11：00 ～ 15：00、週日 10：00 ～ 14：30；晚餐：週日～四 16：30 ～ 20：30、週五～六 16：30 ～ 21：30 📍 4095 Burton Dr, Cambria, CA 93428 📞（805）927-5007 🅿 路邊停車

Indigo Moon 綜合料理

小木屋造型配上溫暖的裝飾相當可愛。非常推薦麵包籃與橄欖油和紅酒醋、玉米巧達湯和鴨胸肉，建議事先訂位。

💲 $25 起 🕐 16：30 ～ 21：00（週一公休） 📍 1980 Main St, Cambria, CA 93428 📞（805）927-2911 🅿 路邊停車

▲ Bixby Bridge

大索爾 Big Sur

　　大索爾代表大南灣，《金銀島》作者 Robert Louis Stevenson 曾以「全世界陸地和海洋最美的相遇」，用來形容 160 公里沿路的山巒、海岸線、礁石、浪花景色。大索爾許多地方沒手機訊號，許多住宿更沒電視，幫助你遠離塵囂，徹底放鬆。大索爾內有十幾個州立公園，都各有特色，以下推薦幾個值得一停的景點：

- San Simeon：秋冬會看到成群的象海豹，交配生產期在 12 ～ 1 月。
- McWay Falls：30 公尺高的瀑布直入海灘，是大索爾明信片最常出現的經典景觀。若時間許可，這裡的 Julia Pfeiffer Burns 州立公園也有許多瀑布和海景步道。
- Bixby Bridge：全美最多人拍攝的大橋之一，也是看夕陽最佳地點。
- Point Lobos 州立公園：有許多健行步道，由於靠海也是海洋生物保育區，是當地人很愛的潛水勝地。除了隨處可見的海鷗，這裡也是全世界唯二可以看到野生蒙特利柏樹 Monterey Cypress 的地方。

📍 可用大索爾內的各景點名稱定位 GPS。　📞（831）667-2100　🅿 免費停車場　⚠ 若天候不佳 1 號公路會關閉，出發前請上網查詢最新路況（搜尋 Big Sur Highway 1 Condition）。

▼ 做日光浴的海象豹

▼ McWay Falls

大索爾美食 & 住宿 | 🍽️ 🏠

Nepenthe 山景餐廳

　所有食材均來自加州當地，風格浪漫的小木屋建築，戶外用餐區被山景環繞，相當愜意，很推薦美式三明治。

💲 $20 起　⏱️ 11：30 ～ 22：00　📍 48510 CA-1, Big Sur, CA 93920　📞（831）667-2345　🅿️ 路邊停車

Ripplewood Resort

　山間小木屋，環境清幽且舒適，有含廚房房型。週末入住至少要住 2 天，節慶時至少 3 天。

💲 無廚具 $135 起、含廚房 $245 起　📍 47047 CA-1, Big Sur, CA 93920　📞（831）667-2242　🏠 廚房、客廳，餐廳提供早午餐（付費）、免費停車位。

卡梅爾海 & 蒙特利灣
Carmel by the Sea and Monterey Bay

　　卡梅爾小鎮以歐風石板路和五顏六色的店家聞名，海灣的白色細砂也很知名。這裡也有許多奇怪的法律，比如地址沒門牌號碼，男生不能穿不同色的外套和褲子，女性禁止穿高跟鞋。蒙特利海灣有舉世聞名的蒙特利灣水族館，建築外觀特殊，蒐羅超過 8 萬種海洋生物，對海洋生物研究和貢獻無數，被譽為「水族館的標竿和榜樣」。迪士尼動畫《海底總動員 2》的故事背景就取自於此。

📍 可以大索爾內的各景點名稱定位 GPS。　📞（831）624-3877　🅿 路邊停車　⚠ 若天候不佳 1 號公路會關閉，出發前請上網查詢最新路況（搜尋 Big Sur Highway 1 Condition）。

蒙特利灣水族館
Monterey Bay Aquarium

💲 成人 $59.95、青少年和長者 $49.95、孩童 $44.95　🕙 10：00 ～ 18：00　📍 886 Cannery Row, Monterey, CA 93940　📞（831）648-4800　🅿 路邊停車或付費停車場

卡梅爾小鎮美食 | 🍴

Dametra Café 希臘餐廳

經常被 Tripadvisor 評選為當地第一名餐廳，美食 APP Yelp 號稱當地最浪漫的餐廳。裝潢雅緻，分量足夠且肉質、海鮮都很美味，也有現場音樂表演。

$ $20 起　**◐** 11：00～23：00　**📍** Ocean St & Lincoln St, Carmel-By-The-Sea, CA 93921　**📞**（831）622-7766　**P** 路邊停車

Little Napoli 義式餐廳

得過獎的西西里式南義大利料理，使用無賀爾蒙肉類，新鮮海鮮是招牌。酒類大都來自義大利。

$ $15～$30　**◐** 週五～一 11：30～15：00；週三～日 17：00～21：30　**📍** Dolores St. & 7th St., Carmel-by-the-Sea, CA 93921　**📞**（831）626-6335　**P** 路邊停車

圓石灘和 17 哩路 Pebble Beach and 17 miles drive

Pebble Beach 圓石灘位於蒙特利和卡梅爾小鎮中間。有名聞遐邇的景致，豐富動植物和舉世聞名的高爾夫球場，美國高爾夫公開賽和 PGA 錦標賽經常在此舉行。圓石灘海岸線屬私有土地，除了有俱樂部和酒店，也有貴鬆鬆的住宅區，沿著推薦景點開，邊拍邊停，會花大約兩小時。

▶ 推薦景點

- Spanish Bay Beach：許多石頭步道和人行木棧道。

- Point Joe：夏天可欣賞過境的候鳥。冬季可看到從阿拉斯加要到墨西哥、中途經過的大灰鯨。

- Restless Sea：因礁石拍打的大型浪花，顯示出激盪的海洋線而得名。

- China Rock：又名中國石，紀念清朝中國移民來附近漁村居住的歷史。

- Fanshell Beach Overlook：迷人白沙灘，可看到海豚和海獺。4～5月關閉，保護海獺專心生小孩。

- Cypress Point Lookout：觀賞海岸線絕佳地點。

- Lone Cypress：號稱北美洲最常被拍的樹，樹齡高達250歲，曾在不少電影亮過相。

- Pescadero Point：岩石上有棵名為鬼樹 Ghost Tree 的知名枯樹，與浪花形成強烈對比，常成為月曆照。

$ 一輛車 $11.75　🕐 開放時間：從日出到日落　📍 Pebble Beach Resorts, 17-Mile Drive, Pebble Beach, CA 93953　📞 (800) 877-0597

Part 5

聖地牙哥

San Diego

「希望藏於夢想與想像力之中、以及有勇氣將這
兩者轉變為真實的人裡面。」
—— 約拿沙克（沙克生物研究中心創辦人）

聖地牙哥從北玩到南

聖地牙哥是全美第五大城，離洛杉磯 2 小時車程。北部可說是聖地牙哥特色的小縮影，有美麗的拉荷亞海灘，蘊含軍事歷史的退伍軍人紀念碑，以及生技產業代表沙克生物研究中心。

拉荷亞海灘
La Jolla Cove

建議遊玩時間：0.5～1 天
推薦造訪時段：全時段

拉荷亞擁有南加州最美的海灘之一，是潛水、衝浪聖地。其實聖地牙哥的海岸線足有 17 英里長，若有時間，可從最北的 Black's Beach 上空海灘，一路玩到最南端靠近市中心的 Ocean Beach，9 個海灘讓你玩個過癮。

沙克生物研究中心
拉荷亞海灘
退伍軍人紀念碑
聖地牙哥海洋世界
聖地牙哥動物園
巴爾博雅公園
聖地牙哥國際機場
海港村
中途島號航空母艦博物館
克羅納多島
▶ 聖地牙哥
卡布里歐雕像

▲ Crab Catcher 海景餐廳可直接欣賞海景

▼ 礁岩洞看出去的美景

從停車場出來有兩條路，往左沿 Coast Blvd 前進，可去觀賞海獅的 Scripps Park。沿途有許多海景餐廳如 George's at the Cove、Brockton Villa 或 Crab Catcher，都能看海景大啖海鮮，或在 Goldfish Point 喝咖啡賞海景。拉荷亞海灘 La Jolla Cove 可以直接走到海岸邊，近距離和海獅打招呼，天然礁岩石洞裡的景致更是別有洞天。

Scripps Park 是以被《紐約日報》讚譽為「近代新聞界的拓荒者」的艾倫（Ellen Browning Scripps）命名。艾倫的哥哥是 19 世紀叱吒風雲的新聞界大亨，旗下有報社、出版社和多家媒體。原本艾倫替哥哥撰稿當記者，後來報社轉型，她開始坐火車玩遍歐洲，在報紙上書寫當地風土民情，又去中南美洲玩了 10 年，完全就是有錢版的三毛。艾倫晚年定居拉荷亞海灘，由於承繼富哥哥資產又沒小孩，索性當起慈善家，蓋醫院、博物館、水族館、學校，但最威猛的莫過於世界上最大私立非營利性機構「斯克里普斯海洋研究所」，為聖地牙哥的生技業寶座奠定雄厚的基礎，研究所就位在拉荷亞海灘附近（小小聲說，它和沙克研究中心是死對頭！）。

▲ 幽靜的觀海小徑

　　從停車場出來往右走，則會來到 The Cave Store，這家商店左邊還有一條幽靜的觀海小徑 La Jolla Coast Walk Trail，來回兩英里，雖比 Scripps 公園路線冷門，卻是在地人最愛的健行步道之一。觀海小徑回來後若有時間，也可看壯觀的海底洞 Sunny Jim Sea Cave，由《綠野仙蹤》作者 Frank Baum 命名；踩著145 個階梯下去看加州唯一有和陸地連結的海底洞，當年美國戒酒禁酒時期曾利用此洞走私各種酒類。

💲 免費。Coastal Cave：大人 $10、小孩 $6（在小徑入口的 The Cave Store 付費）。 🕒 Sunny Jim 海底洞：09：00 ～ 16：30 📍 1325 Coast Blvd, La Jolla, CA 92037 📞（858）459-0746 🅿 公共停車場位於 1298 Prospect St，每 30 分鐘 $2，一天 $20。

退伍軍人紀念碑
Mt. Soledad National Veterans Memorial

建議遊玩時間：0.5 ～ 1 小時
推薦造訪時段：黃昏、清晨

　　聖地牙哥是全美軍事重地之一，有五分之一人口都從事軍事相關職業，軍人在此倍受禮遇，有時還會看到停車位特別保留給傷殘退伍人士。這座面對太平洋海景的紀念碑紀念著無數軍人，也是欣賞聖地牙哥全景的最佳地點，白天有美麗海景作陪，晚上則有閃耀燈景相伴。

▲ 從紀念碑遠眺聖地牙哥市中心

　　紀念碑十字架是明顯地標，許多飛機在天空中看到它，就會知道該準備降落聖地牙哥機場了。顯眼的黑底白字紀念牆也是一大特徵，原本 1954 年創建是為了紀念碑韓戰將士，後來陸續加入許多獨立戰爭、反恐戰役的軍人。經費來源除了私人贊助，就是靠賣一塊塊的紀念小碑，從 $800 到 $1600 都有。

　　紀念碑的西邊可看到拉荷亞海灘與浩瀚的太平洋。聖地牙哥因太平洋海水調節氣溫，氣候溫和，年平均氣溫在 14 ～ 20 度間，曾被美國氣象頻道評價為「最棒的夏日天氣之一」。往東看去則是知名的 5 號公路，也是開車往北加州最快的高速公路。

🕐 07：00 ～ 22：00　📍 6905 La Jolla Scenic Dr South, La Jolla, CA 92037.　📞（858）459-2314　🅿 免費停車位

沙克生物研究中心 Salk Institute

建議遊玩時間：0.5～1 小時
推薦造訪時段：全時段

　　1940 年末的美國是個人心惶惶的時期，除了二戰陰影，小兒麻痺症的散播日以俱增，美國電視臺 PBS 甚至表示，「除了原子彈，美國最大的恐懼便是小兒麻痺。」最廣為人知的患者就是羅斯福總統。科學家都為這難題抓破腦袋，研究數多年卻苦無結果。於是沙克被邀請加入實驗團隊，希望破解小兒麻痺的謎團。

　　在 7 年苦心研究下，沙克在 1955 年研發出小兒麻痺疫苗，轟動全球。你我在出生時規定被打的疫苗就是這支。沙克在多年後遇到一個小男孩，小男孩聽聞他研發了小兒麻痺疫苗，問沙克那是什麼？這時年邁的沙克笑了。因為疫苗成功地擊退了小兒麻痺，才會讓小男孩不需要知道這病毒的可怕。

　　沙克希望能打造無視覺障礙的空間，讓旗下追夢的科學家有更多啟發，研究出更棒的實驗結果。眼前這座依山傍水的生技中心，就是沙克和得過無數獎項的知名建築師 Louis Kahn 合作，並被列入美國國家古蹟名錄。聖地牙哥是生物科技重鎮，由 Scripps 園區、Burnham 生醫中心、UCSD 大學和沙克中心共同撐起。這裡不但出過無數位諾貝爾獎得主，沙克中心創辦董事之一也是發現 DNA 結構的諾貝爾得主 Francis Crick（一個所有三類組學生都需要背的名字）。

$ 自由參觀 $10，導覽團 $20（需上網登記，搜尋 Salk Institute Visiting）　🕐 週一～五 09：00～16：00　📍 10010 N Torrey Pines Rd, La Jolla, CA 92037　📞（858）453-4100　🅿 路邊停車

聖地牙哥美食 & 住宿 ｜ 🍴 🏠

The Cottage La Jolla 美式早午餐

標榜使用有機當季食材，戶外座位很適合晒太陽，享受聖地牙哥的愜意。推薦早午餐三明治和沙拉。

$ $15 起　**🕐** 週日～四 7：30～15：00；週五、六 7：30～16：00　**📍** 7702 Fay Ave, La Jolla, CA 92037　**📞**（858）454-8409　**Ｐ** 路邊停車

Brockton Villa 加州風味海景餐廳

拉荷亞頗具歷史的建築，戶外半開放空間可以一邊聽海浪拍打、一邊享用美味的加州在地早午餐，建議事先訂位。

$ $20 起　**🕐** 週一 9：00～15：00；週二～五 9：00～21：00；週六 8：00～21：00；週日 8：00～15：00。　**📍** 1235 Coast Blvd, San Diego, CA 92037　**📞**（858）454-7393　**Ｐ** 路邊停車

Urban Plate 新美式料理

　　創始於聖地牙哥的有機料理餐廳，牛排、沙拉或千層麵都很美味，也份量十足。

$ $15 起 🕐 週日～四 11：00 ～ 21：15、週五六 11：00 ～ 21：45 📍 8707 Villa La Jolla Dr, La Jolla, CA 92037 📞（858）263-0818 🅿 免費停車位

▲ 雞肉和牛肉沙拉

Amalfi Cucina Italiana - Carmel Valley 義式料理

　　主廚 Marcello Avitabile 曾五度拿下世界披薩冠軍，用餐環境高貴典雅，沙拉新鮮爽口，主菜和披薩都好吃得令人驚豔！義大利麵相當有嚼勁。

$ $20 起 🕐 週二～日 12：00 ～ 15：00；週日～四 17：00 ～ 21：30；週五～六 17：00 ～ 22：00 📍 5980 Village Way #106, San Diego, CA 92130 📞（858）461-0622

Ballast Point Brewing Miramar 啤酒廠

　　聖地牙哥除了海灘，手工啤酒也非常出名，在全美各大百貨公司都可以看到在販售。Ballast Point 的手工啤酒就是最熱門知名的品牌之一，可以來此參加免費導覽（建議事先預約）、試喝啤酒，順便吃飯。

$ 輕食 $15 起 🕐 11：00 ～ 22：00 📍 9045 Carroll Way, San Diego, CA 92121 📞（858）790-6901

Rancho Bernardo Inn

　離觀光區較遠，位於聖地牙哥房價最貴的高檔地區，曾舉辦過美國高爾夫球錦標賽。古典雅致風格的四星級酒店，每間房都有陽臺和窗景，露天 SPA 區得過旅遊界 Conde Nest 大獎。

$ $238 起，設施費用 $35　**♥** 17550 Bernardo Oaks Dr, San Diego, CA 92128　**☎**（855）574-5356　**⌂** 免費 Wi-Fi、冷氣、戶外游泳池、露天 SPA、高爾夫球場、停車一天 $37。

Estancia La Jolla Hotel & Spa

　加州式西班牙風格建築、安靜低調的四星酒店，每間房間都有窗景和陽臺，飯店內的植物園得過獎，戶外許多地點都適合拍照，就在沙克中心旁。

$ $259 起、設施費用 $39　**♥** 9700 N Torrey Pines Rd, La Jolla, CA 92037　**☎**（858）412-0100　**⌂** 免費 Wifi、戶外游泳池和 Spa、高級 Keurig 咖啡機、停車一天 $39 起。

巴爾博雅公園 Balboa Park

建議遊玩時間：半天
推薦造訪時段：平日

　創立於 1871 年，巴爾博雅公園是由
首位到太平洋的拓荒者 Vasco Núñez
de Balboa 命名，為全美第二個城市公
園，占地 1,200 英畝，是紐約中央公
園的兩倍大，裡頭有博物館、花園和劇
院。以 Bea Evenson 水池為起點，沿
著 El Prado 慢慢逛，水池後方是由二
戰中美軍疾病管理科病房改建而成的自
然史博物館。

　園中各種花卉樹木皆由植物學家「巴
爾博雅之母」Kate Sessions 引進。
1892 年被聖地牙哥城市聘請，以一年
100 顆的數量，將世界各地的種子種植
於園中。公園兩旁栽種的樹到了初春會
開無數白花，非常美麗。

　園內的植物園在 1915 年曾是世上最
大的木製格子屋，是為了慶祝巴拿馬運
河完工，在加州博覽會造成轟動，現在
改建為溫室花園，夏季可賞蓮花，其他
季節則有鴨子戲水，斜對面是遊客中心
和餐廳 The Prado。

▼ Bea Evenson 噴水池。

▼ 木製格子屋

▲ 人類學博物館

▲ 三景園

　　在人來人往的巴拿馬主廣場上，看到南邊馬背上的銅像 El Cid 後左轉往南走，會看到 Spreckels 管風琴館，收藏全世界最大的室外管風琴，週日下午有免費演奏。管風琴後是三景園，是日本橫濱市致贈給聖地牙哥的友誼花園，有著日本風味濃厚的小橋流水和建築，春季也有櫻花盛開。

▲ Spreckels 管風琴館

　　回到 El Prado 大道向西前進，右前方就是人類學博物館，也是當年巴拿馬加州博覽會的主場地之一。身強力壯的朋友可以去參觀人類學博物館 Museum of Us，或爬加州塔 California Tower（搜尋 California Tower Balboa），爬上 8 樓看壯觀的市區全景。人類學博物館後面是老圓球劇場。以莎士比亞劇聞名，1984 年拿到劇場界奧斯卡的東尼獎的最佳區域劇場獎。

$ 三景園 $14；加州塔 $10；其餘地點免費參觀 🕐 園內各館開放時間請洽官網（搜尋 Balboa Park） 📍 1549 El Prado, Balboa Park, San Diego, CA 92101 📞（619）239-0512 🅿 免費停車，若時間充裕可搭免費遊園車參觀偏遠的玫瑰園或沙漠花園。

▲ 老圓球劇場

聖地牙哥動物園 San Diego Zoo

建議遊玩時間：1 天
推薦造訪時段：避開週末、寒暑假

　　擁有多達 4 千隻動物的聖地牙哥動物園，是全美最熱門也最多人潮，號稱全球最棒的動物園之一，可以看到北極熊、無尾熊、企鵝、獅子、大象、紅猿猩猩等。不要錯過園內的導覽專車，可坐在巴士上遊遍園區內約 8 成景點後，再去有興趣的園區深度探索，或搭空中纜車俯瞰園區。如果想觀賞戶外的動物，也可參考北邊 Escondido 園區的 Safari Park。

💲 成人 $67 起、孩童 $59 起（建議事先訂票）　🕐 9：00 ～ 21：00（以官網為準）　📍 2920 Zoo Dr, San Diego, CA 92101　📞（619）231-1515　🅿 附設停車場，提供免費接駁車至入口　⚠ 園內爬坡多，請穿好走的鞋子。若時間有限，建議與海洋世界二選一。

巴爾博雅公園美食 | 🍴

The Prado at Balboa Park 新美式餐廳

擁有西班牙風格建築且獲獎無數，這裡食物好、氣氛佳，也有現場音樂表演，推薦戶外用餐區和各類加州風格美食。週二晚上推出的雙人套餐，雙沙拉和雙主菜外加一瓶酒為 $64.95。

💲 午餐 $20 起、晚餐 $25 起　🕐 週二～六 11：30 ～ 20：00；週日 11：30 ～ 17：00（週一公休）　📍 1549 El Prado, San Diego, CA 92101　📞（619）557-9441

聖地牙哥市中心

聖地牙哥是依海而建的城市，因海水調節擁有四季如春的宜人氣候。從 15 世紀的卡布里歐航海發現北美洲、全美最熱門的中途島號海軍博物館、西岸第一間海邊渡假酒店克羅納多，每個景點都離不開海。聖地牙哥居民更受海灘文化影響，熱愛悠閒放鬆的步調。

中途島號航空母艦博物館
USS Midway Museum

建議遊玩時間：2 ～ 4 小時
推薦造訪時段：平日

聖地牙哥是美國最大海軍重鎮，中途島號航空母艦博物館也是全美最熱門的海軍軍事博物館。戰功赫赫的中途島號

▲ 勝利之吻雕像　　　　▲ 電影《捍衛戰士》出現的戰機

航空母艦建於二戰期間，參與過越戰、韓戰和波斯灣戰爭，也是全美規模最大的航空母艦之一。1958 年金門八二三炮戰爆發後，也曾到臺灣海峽戒備，據說蔣介石總統還曾在艦上參觀當時的演習。

　　中途島號共上中下三層。免費導覽從入口的中層開始，可看到 29 架還原後的飛機和 60 個相關文物。下層的海上城市能看到海軍的日常生活，比如只能洗 2 分鐘戰鬥澡的浴室、寄一封信要 3 週後才會抵達的郵局、海上醫護室等。最後來到上層，甲板上有一座勝利之吻雕像，還有許多戰鬥機，包括湯姆克魯斯《捍衛戰士》中出現過的 F14 戰機。這裡也可以欣賞絕佳的聖地牙哥市中心風景。

$ \$31（含中文導覽）　⏰ 10：00 ～ 17：00（最晚入場時間 16：00）　📍 910 N Harbor Dr, San Diego, CA 92101　📞（619）544-9600　🅿 路邊停車或 Navy Pier 停車場 \$5 起　⚠ 聆聽導覽需自備耳機

▼ 到此一遊必拍的戰士

海港村 Seaport Village

建議遊玩時間：1～2 小時
推薦造訪時段：黃昏

　　中途島號隔壁的海港村是傳統的墨西哥式建築，集合 50 間商家，也是克羅納多島跨海大橋的最佳觀賞點。夜晚有音樂表演，還有 121 歲的老字號旋轉木馬。

🕐 9～5 月 10：00～21：00 📍849 W Harbor Dr, San Diego, CA 92101 📞（619）530-0704 🅿️ 附設停車場，商場消費 $10 以上可索取 Validation，拿到停車優惠價：平日前 3 小時 $5，之後每半小時 $3。週末前 2 小時 $5，之後每半小時 $3。若沒在商場消費每小時 $8。

▲ 墨西哥式建築組成的商店街

卡布里歐雕像
Cabrillo Monument

建議遊玩時間：2 小時
推薦造訪時段：下午（拍照不會背光）

　　1542 年的美西一片荒涼，只有零星的原住民。卡布里歐在 9 月 28 日踏上聖地牙哥，成為第一個踏上北美洲西部土地的歐洲人。之後他一路沿著西岸往北行至加州以北的奧勒岡州，最終因暴風雨而折返。諷刺的是，當年卡布里歐的同行者認定這趟旅途是失敗的，殊不知因為卡布里歐打開了美西大門，為後來的航海員鋪路。威爾森總統在 1913 年設立了雕像紀念他，並將此地列為國家史蹟名錄。

▲ Point Loma 燈塔

▲ 聖地牙哥市中心，有時能看到墨西哥山脈

　　卡布里歐範圍不大，雕像旁邊除了遊客中心，也有小型博物館和短片解說。附近有一座歷史悠久的 **Point Loma** 燈塔，可看到聖地牙哥海景及克羅納多島，天氣好時往南看甚至能看到墨西哥山脈。

💲 $20，可使用國家公園年票　🕘 9：00～17：00　📍 1800 Cabrillo Memorial Dr, San Diego, CA 92106
📞（619）523-4285　🅿 免費停車場

克羅納多島 Coronado Island

建議遊玩時間：2 小時～半天
推薦造訪時段：上午

　　聖地牙哥市中心旁的克羅納多島，在西班牙語有「戴上皇冠」之意，也有皇冠城市的美譽，美西歷史最悠久的海邊度假飯店「克羅納多酒店」（Hotel Del Coronado）也坐落於此。

　　這裡很適合來趟單車之旅，從租車中心出發，沿著 1st St 往西騎，來到右邊的 Centinnel Park 河濱公園，是聖地牙哥全景最佳觀景點之一。沿著河岸 Bayshore Bike Way 往東騎，右邊會經過酒店和 Coronado Tidelands Park 公園，也是跨海大橋 75 號公路的最佳觀

▲ 跨海大橋

賞地點。騎到 75 號公路後左轉於 Glorietta Blvd，再右轉於 6th St，左轉於 Ç Ave，右轉於 10th St，並左轉於 Orange Ave 會來到遊客中心。可在此休息片刻。之後沿著 Orange Ave 一路往東南騎，在過了 Rh Dana Pl 的路口後的下一個路口右轉，便會來到克羅納多酒店。

維多利亞式建築的克羅納多酒店建於 1880 年，小名「The Del」，當初希望打造西方世界口耳相傳的酒店，於 1977 年被列為國家史蹟名錄。1958 年，瑪麗蓮夢露也在此拍攝她生平最賣座的電影《熱情如火》，還因此而拿下金球獎。住過此酒店的名人包括愛迪生、瑪丹娜、歐普拉、16 位美國總統和《綠野仙蹤》作家李曼鮑姆，書中翡翠城的靈感，就是來自這間酒店。

Hollands Bikes & Beyond 租借腳踏車

$ 腳踏車 $10 起 / 小時、家庭式小車（可載 2～3 大人）$30 起 / 小時 🕘 09：30 ～日落 📍 1201 1st St, #122, Coronado, CA 92118 📞（619）435-7180 🅿 附免費停車場 ⚠ 以上景點也可開車遊覽。

Bali Hai 海景餐廳

　　餐廳有著濃厚的玻里尼西亞海島風格，菜色是夏威夷和亞洲混搭風，用餐時能欣賞市中心的天際線和夕陽，氣氛絕佳。

$ 午餐 $20 起、晚餐 $25 起 🕐 週一～四 11：30～20：45；週五、六 11：30～21：45；週日 9：30～20：45。 📍 2230 Shelter Island Dr, San Diego, CA 92106 📞（619）222-1181

Extraordinary Desserts 甜點

　　曾上過美食頻道 Food Network，多次蟬聯聖地牙哥甜點第一名，位於小義大利區，也是聖地牙哥點心店龍頭老大。口感濃郁色彩繽紛，也適合拍照。

$ $15 起 🕐 週日～四 10：00～21：00；週五～六 10：00～22：00。 📍 1430 Union St, San Diego, CA 92101 📞（619）234-7001

Phil's BBQ 美式燒烤

　　商業內幕報導為全美最好吃的 50 家 BBQ 之一（裡面只有三家位於加州）。祖傳醬料配上絕佳肉質，無論豬肋排 Baby Back Rib 或牛肋排 Beefy Rib 都非常推薦，也有其他分店。

$ $20 起，多人分食可考慮 Family Meal $105 起 **◕** 11：00 ～ 22：00 **♀** 3750 Sports Arena Blvd, San Diego, CA 92110 **☎**（619）226-6333

民宿 Hillcrest House Bed and Breakfast／住宿公寓 Bungalow Vacation Rental

▼ 民宿豐盛的早餐

　　地理位置佳，步行可到巴爾博雅公園或動物園、10 分鐘車程至市中心和海洋世界。飲料、罐裝水、熱茶和咖啡無限量供應。

$ 民宿 $149 起、住宿公寓 $269 起 **♀** 3845 Front Street（民宿）／1515 Van Buren Ave, San Diego, CA 92103（公寓）**☎**（619）990-2441 **⚑** 民宿附早餐和 Wifi、咖啡壺、電視和流理臺和三溫暖浴缸供賓客享用。住宿公寓含 Wifi、兩間房間，有廚房、客廳及洗烘衣機、免費停車位。

▼ 民宿臥室

▼ 公寓空間

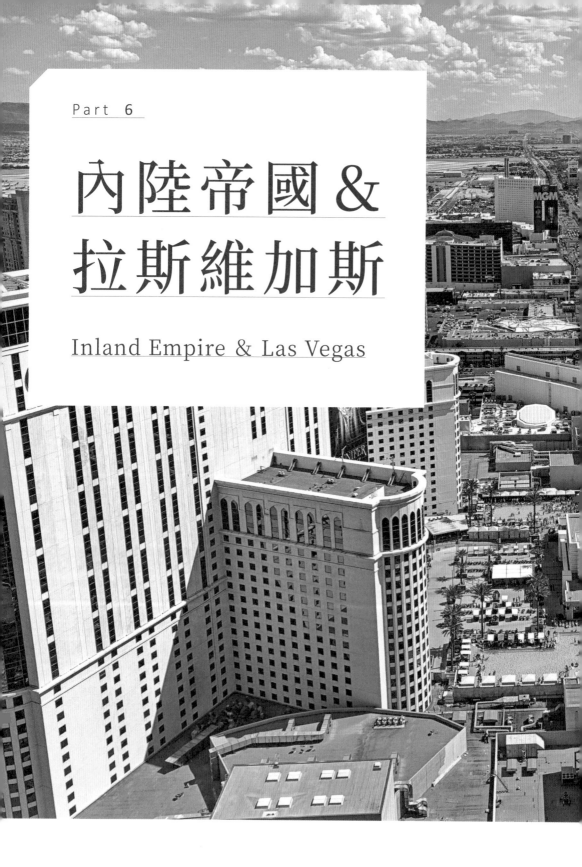

Part 6

內陸帝國&
拉斯維加斯

Inland Empire & Las Vegas

「沙漠美麗之處，在於它於某個地方暗藏了一口井。」

——《小王子》

內陸帝國 Inland Empire

計畫從洛杉磯到亞利桑那或猶他州國家公園時，往往會路過洛杉磯以東 2 小時車程的內陸帝國，暗藏許多當地人喜愛的祕境景點！包括湖光山色的大熊湖和箭頭湖、沙漠綠洲棕櫚泉、仙人掌充斥的約書亞樹和米訓所的聖誕燈。非常推薦選一、兩個喜歡的景點，作為洛杉磯到賭城之間的短暫休憩。

往拉斯維加斯方向

箭頭湖　　大熊湖

世界的邊境公路

往洛杉磯方向

河濱市

約書亞樹國家公園

棕櫚泉

◀ 內陸帝國

大熊湖、箭頭湖、世界的邊境公路 Big Bear Lake, Lake Arrowhead, Rim of the World Scenic Byway

大熊湖是南加州最大的遊樂湖，位於洛杉磯近郊 San Bernardino Mountains 山區，當地人口只有 5 千多，但只要遇到旺季週末，觀光客可以湧入多達 10 萬人！早期這裡曾有大批熊出沒，故得此名，後來被獵殺不少，現在很難看到了。但熊依然是主打的觀光商標，各種紀念品、裝飾、造景、甚至菜單都努力和熊扯上關係。除了大熊湖，巨石灣公園 Boulder Bay Park 裡有各樣山石，也是散步好去處。這兩處都很適合騎單車遊玩，或是划獨木舟 Kayak 和站立式槳板 SUP，可上網搜尋 Big Bear Kayaks Rental。冬季時會下雪，請備好雪鏈。

附近的箭頭湖則是相對低調的山中湖畔，卻是我個人更喜愛的避暑勝地。大熊湖和箭頭湖中間有條被雲海包圍的 18 號公路，又

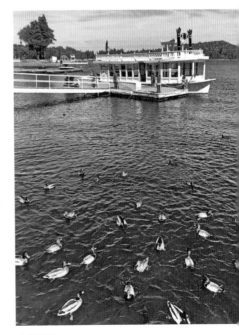

▲ 箭頭湖

名「世界的邊境」。推薦從洛杉磯開到箭頭湖、再從箭頭湖開到大熊湖，能沿路欣賞到壯麗的雲海山景。

大熊湖 Big Bear Lake

📍 42300 Big Bear Blvd, Big Bear Lake, CA 92315
📞（909）866-5831　🅿 免費停車場

箭頭湖 Lake Arrowhead

📍 28200 CA-189, Lake Arrowhead, CA 92352
📞（909）337-2533　🅿 免費停車場

▲ 在大熊湖上划獨木舟

大熊湖、箭頭湖美食 & 住宿 | 🍽 🏠

Belgian Waffle Works 比利時鬆餅屋

就在箭頭湖畔，擁有 35 年歷史。推薦入口即化的比利時鬆餅和早午餐。

💲 $15 起　🕐 平日 08：00 ～ 15：00、週末 08：00 ～ 16：00　📍 28200 CA-189 Ste E-150, Lake Arrowhead, CA 92352　📞（909）337-5222　🅿 附停車場

Tropicali 夏威夷料理

位於大熊湖附近，主打新鮮生魚片切塊、加入醬汁澆在飯上的各種夏威夷蓋飯。

$ \$12 起　♪ 週日～四 11：00～18：00；週五～六 11：00～19：00　♀ 40616 Village Dr, Big Bear Lake, CA 92315　☎ （909）878-0499　Ｐ 免費停車

UCLA Lake Arrowhead Lodge

由 UCLA 贊助的三星級山中別墅渡假村，擁有百年歷史，曾是 UC 加州大學教職員或學校辦退休會的地點。除了顯眼的法式建築，園區內也有登山步道、兒童遊樂設施、網球場等，園區內餐廳還得過獎，是個一進去就不會想出來的山中渡假村。

$ \$180 起　♀ 850 Willow Creek Rd, Lake Arrowhead, CA 92352　☎ （909）337-2478　♠ 免費 Wifi、咖啡壺、電視、24 小時健身房、三溫暖、室外泳池、洗衣機，免費停車位。

棕櫚泉 Palm Springs

　　《匹茲堡郵報》曾如此形容棕櫚泉:「這是無木的好萊塢、無丘的比佛利、以及無高速公路的洛杉磯。」棕櫚泉是沙漠中難得的綠洲,在橫荒之處生出一棕櫚樹包圍的商場和渡假村,一直是明星富豪鍾愛的度假勝地。

　　夜晚走在棕櫚泉大街上,你會發現這裡一點也不亞於比佛利山莊,只不過不同於貴婦名媛的名牌包,棕櫚泉的女生偏好寬鬆的暖色調印花飄逸洋裝。整個城市充滿慵懶度假氛圍。白天高達四十幾度,大多數人會泡在游泳池裡,晚上再出來逛街吃冰。晚上有時會有沙塵暴,在窗外瘋狂咻咻咻鬼吼鬼叫陪你入眠,是非常特別的體驗。除了市中心,車程約 25 分鐘的 Palm Desert 則擁有比市中心更寬敞舒服的度假村,喜歡打高爾夫球、做 SPA 和泡泳池的,絕對不能錯過。

　　棕櫚泉還有號稱全球最大,地板會 360 度旋轉的纜車,一路帶你抵達山頂的 Mt. San Jacinto 州立公園。山頂有森林步道可欣賞宜人景致,氣溫也比山下涼爽許多,可在頂端景觀餐廳用餐賞夕陽。

棕櫚泉空中纜車 Palm Springs Aerial Tramway

$ $29.95　◑ 平日 10：00～20：00、週末 08：00～21：00(冬夏時間不同,請洽官網)　♀ 1 Tramway Rd, Palm Springs, CA 92262　☏(760)325-1391　🅿 免費停車場　⚠ 冬季時會下雪,請注意保暖。

棕櫚泉美食 & 住宿 | 🍴 🏠

FARM 法式料理

　　戶外座位以花卉樹木環繞，呈現法國農村風，氣氛唯美浪漫，料理精緻美味。每天製造新鮮果醬，推薦早午餐的可麗餅，晚餐套餐包含前菜、主菜、甜點，以及中間的驚喜配菜，牛排非常好吃，其他主菜像是煎魚的口味也不錯。

$ 午餐 $15 起、晚餐套餐 $67。　🕐 08：00～14：00，週五～二 17：30～21：30　📍 6 La Plaza, Palm Springs, CA 92262　📞（760）322-2724　🅿 路邊停車

Mi Cultura Peruvian Colombian Cuisine 祕魯烤雞

　　位於棕櫚沙漠內，以正宗的祕魯烤雞聞名。這裡的炸肉餃前菜 Peruvian Empanadas，外皮酥脆、內餡豐富，也很推薦。

$ $20 起　🕐 週一 11：00～19：00；週二～四、週日 11：00～20：00；週五～六 11：00～21：00　📍 44795 San Pablo Ave, Palm Desert, CA 92260　📞（760）636-1707　🅿 免費停車場

 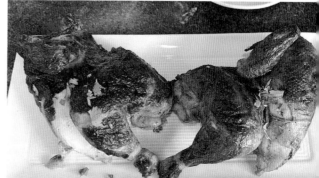

Lappert's Super Premium Gourmet Ice Cream
手工冰淇淋

號稱沙漠中最棒的冰淇淋，1981 年營業至今，內部裝潢色調鮮豔，而且口味多達 48 種，絕對會有選擇障礙！來自夏威夷的 Dole Whip 霜淇淋是我的最愛。Palm Desert 也有分店。

$ \$5 起　**◔** 週日～三 11：00～21：30；週四～六 11：00～22：30　**♀** 130 N Palm Canyon Dr, Palm Springs, CA 92262　**☎**（760）325-1717

Omni Rancho Las Palmas Resort & Spa

服務貼心的四星級酒店，西班牙式建築，附近就是商場。部分房型可看到山景，客房特地設置在池塘的另一端，保有隱私空間。也有親子戲水池和水上遊樂設施，並有 Spa 和高爾夫球場，適合親子旅遊。

$ \$255 起外加 \$50 設施費用　**♀** 41000 Bob Hope Dr, Rancho Mirage, CA 92270　**☎**（760）568-2727　**⌂** 免費 Wifi、咖啡壺、電視、三溫暖浴缸、私人庭院，免費停車。

Marriot's Shadow Ridge

　　適合家庭的三星級酒店，酒店後方就是壯闊的沙漠山景。房間寬敞，部分房型有廚房、家具和獨立客廳。網球場、籃球場、親子遊戲間也適合溜小孩，另設高爾夫球場，夏季會舉辦戶外泳池電影趴。

$ $158 起　**◉** 9003 Shadow Ridge Rd, Palm Desert, CA 92211　**☎** （760）674-2600　**⌂** 免費 Wifi、咖啡壺、電視、三溫暖浴缸，免費停車。

約書亞樹國家公園 Joshua Tree National Park

　　以短葉絲蘭（Yucca brevifolia，又名約書亞樹）命名，園中被此樹覆蓋的面積比美國羅德島一州還大。看似高聳的約書亞樹，因為沙漠性植物承載重量有限，園中到處可看到標誌要求遊客不要用約書亞樹搭吊床。園內由地勢較高的 Mojave Desert 和較低的 Colorado Desert，不同地勢組成的生態也呈現截然不同的景觀。以下列出沿 Park Blvd 由北到南的景點。

▶ 北邊 Mojave Desert

- Hidden Valley：最受歡迎的步道之一，牛群集中躲藏的地點，被大量山石環繞。
- Barker Dam：能看到許多鳥類的小蓄水池。
- Split Rock：斜切的大石頭。
- Skull Rock：岩石侵蝕而成的骷顱頭岩。
- Ryan Mountain：健行景點，比 Keys View 更高，有 5458 英尺。
- Key's View：5185 英尺高的壯觀靈感石，可看到約書亞樹公園全景，包括遠方的 San Bernardino Mountain、舉辦音樂節的 Coachella Valley、和鹹到有毒的鹽湖 Salton Sea。
- Forty Nine Palms Oasis：擁有棕櫚樹和樹蔭的地點。

▲ Hidden valley

▲ Split Rock

▶ 南邊 Colorado Desert
- Cholla Cactus Garden：天然仙人掌花園，這裡仙人掌比人還高。
- Cottonwood Spring：賞鳥勝地，約書亞樹的綠洲。

$ \$30 一車，可使用國家公園年票。 📍 74485 National Park Drive, Twentynine Palms, CA 92277 📞（760）367-5500 🅿 免費停車場 ⚠ 園區內沒太多遮陽，請帶足夠水源。夜晚適合觀星。

約書亞樹國家公園美食 & 住宿 🍴 🏠

JT Country Kitchen
美式早餐

1977 年開店至今，被美食網站 Yelp 評價為 Joshua Tree 最好吃的餐廳。料好實在，推薦各類三明治和 Big Biscuits，早餐的歐姆蛋和酥脆馬鈴薯也很美味。

$ \$10 起 🕐 07：00 ～ 15：00（週二公休）📍 61768 Twentynine Palms Highway, Joshua Tree, CA 92252 📞（760）366-8988

Crossroads Café 美式餐廳

　　裝潢溫馨，食物美味，被 Yelp 評價為約書亞樹地區好吃的餐廳第二名。推薦肉質多汁的漢堡和各類三明治。

$ $10 起　**🕐** 週五～一 7：00 ～ 20：00；週二～四 7：00 ～ 14：00　**📍** 61715 Twentynine Palms Highway, Joshua Tree, CA 92252　**📞**（760）366-5414

High Desert Motel

　　簡單舒適的二星級飯店，經濟實惠，也有戶外泳池，離約書亞樹國家公園的入口不遠。

$ $68 起　**📍** 61310 Twentynine Palms Highway, Joshua Tree, CA 92252　**📞**（760）366-1978　**⌂** 免費 Wifi、咖啡壺、電視、冰箱、微波爐、免費停車位。

米訓所聖誕燈節
Riverside The Mission Inn

位於洛杉磯近郊河濱市的四星級米訓所酒店 Riverside Mission Inn Hotel & Spa，西班牙風格建築古色古香，本身也是歷史古蹟，建於 1876 年時只有 12 間房間，在 1900 年初期時，因為加州的天氣和經濟因素，當時是許多明星和總統貴賓下榻的酒店。酒店內還有一座鑄於清末義合團運動時期的南京大鐘。

這裡最值得一看的，當屬被 USA Today 評為「全美最棒」的聖誕燈展，以 500 萬顆聖誕燈打造，還有精緻的薑餅屋，每年吸引超過 50 萬人來朝聖。

$ 住宿 $185 起　**📍** 3649 Mission Inn Avenue, Riverside, CA 92501　**📞**（951）784-0300　**🛎** 免費 Wifi、Keurig 咖啡機、電視和流理臺、熨斗、泳池、Spa 和戶外用餐區，免費停車位。

拉斯維加斯 Las Vegas

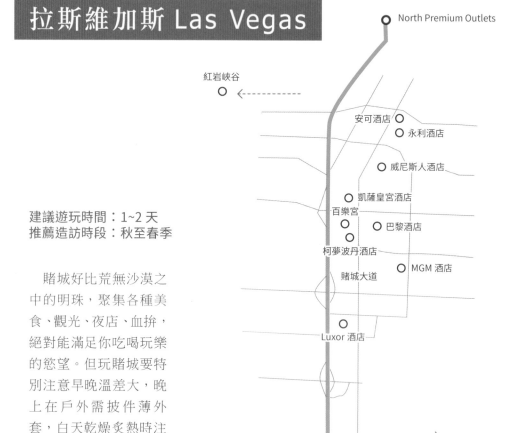

North Premium Outlets

紅岩峽谷

安可酒店
永利酒店
威尼斯人酒店
凱薩皇宮酒店
百樂宮
巴黎酒店
柯夢波丹酒店
MGM 酒店
賭城大道

Luxor 酒店

▶ 拉斯維加斯
South Premium Outlets
胡佛水壩

建議遊玩時間：1~2 天
推薦造訪時段：秋至春季

　　賭城好比荒無沙漠之中的明珠，聚集各種美食、觀光、夜店、血拚，絕對能滿足你吃喝玩樂的慾望。但玩賭城要特別注意早晚溫差大，晚上在戶外需披件薄外套，白天乾燥炎熱時注意防晒和缺水問題。

賭城大道 The Strip

　　賭城最熱鬧的區域莫過於賭城大道，從南端的柯夢波丹酒店為出發點往北走，重點式的挑選幾間精采的酒店來介紹。

　　柯夢波丹酒店的現代風格相當醒目，被 Conde West 雜誌評鑑為世界頂級酒店之一。推門進去直走到底，會來到集結浪漫和神祕於一身的吊燈酒吧 Chandelier Bar，大型圓弧式水晶吊燈誇張又美麗，嘆為觀止。

　　柯夢波丹隔壁是經典的百樂宮，門前就是舉世聞名的音樂噴泉，白天每半小時有一場音樂水舞秀，晚上 8 點過後則是每 15 分鐘一場。百樂宮內金碧輝煌，是電影《瞞天過海》取景地，色彩鮮豔的天花板由琉璃大師奇胡利 Dale Chihuly 斥資千萬美金打造。另外一大看點是溫室花園 Conservatory，會配合時節秀出不同造景。

　　百樂宮對街則是巴黎酒店，可感受到濃郁的法國風情。若想一覽賭城大街景觀，可到巴黎鐵塔觀景臺，從高空欣賞百樂宮的水舞秀。往北走約 1 公里，就來到全世界規模第二大的威尼斯人「宮殿酒店」The Palazzo，仿照威尼斯運河的

▲ 柯夢波丹酒店

▼ 百樂宮大廳的琉璃天花板

▼ 吊燈酒吧

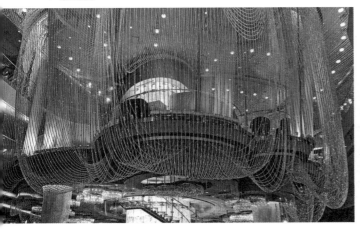

▲ 巴黎酒店外的巴黎鐵塔　　　　　▲ 威尼斯人酒店

風格與建築，將大部分運河搬入室內，充滿義式浪漫唯美，還能搭乘鳳尾船貢督拉。

　　繼續往北，來到奢華夢幻的永利酒店。雖說成立短短十幾年，卻榮登 Conde West 世界頂級酒店之一，也是美國富比士五星級酒店各獎項的得主。除了賭場設施和商店街，也有高爾夫球場和人造瀑布及湖畔。

▼ 百樂宮噴泉　　　　　　　　▼ 永利酒店的夢幻燈飾

柯夢波丹酒店
The Cosmoplitan of Las Vegas

📍 3708 S Las Vegas Blvd, Las Vegas, NV 89109 📞（702）698-7000 💲 $144 起

百樂宮酒店 Bellagio Las Vegas

📍 3600 S Las Vegas Blvd, Las Vegas, NV 89109 📞（888）987-6667 💲 $159 起

威尼斯人酒店
The Venetian Las Vegas

📍 3355 S Las Vegas Blvd, Las Vegas, NV 89109 📞（702）414-1000 💲 $146 起

巴黎酒店 Paris Las Vegas

📍 3655 S Las Vegas Blvd, Las Vegas, NV 89109 📞（877）796-2096 💲 $63 起

永利酒店 Wynn Las Vegas

📍 3131 S Las Vegas Blvd, Las Vegas, NV 89109 📞（702）770-7000 💲 $192 起 🅿 除了永利，其他酒店的停車費為一天 $15。

▲ 百樂宮室內溫室花園

▼ 永利酒店內的旋轉木馬

賭城吃喝玩樂全攻略

賭城的吃喝玩樂行程會隨時間或季節更動，建議上官網預定或上 Vegas 以及 Smarter Vegas 查找優惠票，提前購買會比現場購買便宜。許多百老匯音樂劇如《獅子王》、《歌劇魅影》、《悲慘世界》等，或知名藝人也會不定時在賭城表演，對此有興趣不妨多加留意。

名稱	門票	位置	特色
表演			
Cirque du Soleil 太陽劇團「O」秀	$79 起	百樂宮酒店	獲獎無數，利用水上倒影和燈光呈現精采演出。其他太陽劇團的演出也值得一看。
Blue Man Group 藍人秀	$49 起	Luxor 酒店	紐約街頭起家，結合音樂和街頭藝術的精采演出。
David Copperfield 魔術秀	$72 起	MGM 酒店	被稱為現今最棒的魔術師，適合闔家觀賞。

名稱	門票	位置	特色
夜店			
XS 夜店	男生 $30 起 女生 $20 起	永利酒店	外觀以人體曲線為靈感來源，擁有歐式泳池外加世界級 DJ 坐鎮，十多年來不停翻新，穩坐熱門夜店寶座。
EBC At Night	男生 $50 起 女生 $30 起	Encore 安可酒店	得獎夜店，擁有奢華泳池和棕櫚樹包圍的戶外海灘趴，白天、夜晚都擁有絕佳體驗。開放式發呆亭 Cabana 座位需預約。 週三、五、六 22：00 ～ 04：00 為夜間海灘趴，需由賭場內部進入，通常要等半～ 1 小時。
Omnia Nightclub	男生 $30 起 女生 $20 起	Caesar Palace 凱薩皇宮酒店	夜店中央懸掛了近 1 萬公斤重的大吊燈，是以紐約大都會歌劇院為靈感，這裡也能欣賞到熱鬧的 Strip 大街夜景。

Shopping

離賭城大道最近的 **Premium Outlets** 最為出名，分南北兩端，北邊是戶外商場，主打奢華名牌如 Armani、Burberry、Dolce & Gabbana、Coach、Jimmy Choo 等。南邊則是室內商場，主打平價品牌 Banana Republic、Ann Taylor、Calvin Klein、GAP、Levis 等。

Las Vegas North Premium Outlets

🕐 週一～六 10：00 ～ 20：00；週日 11：00 ～ 19：00　📍 875 S Grand Central Pkwy, Las Vegas, NV 89106　📞（702）474-7500　🅿 停車場一天 $5

Las Vegas South Premium Outlets

🕐 週一～六 10：00 ～ 20：00；週日 11：00 ～ 19：00　📍 7400 Las Vegas Blvd S, Las Vegas, NV 89123　📞（702）896-5599　🅿 停車場一天 $5

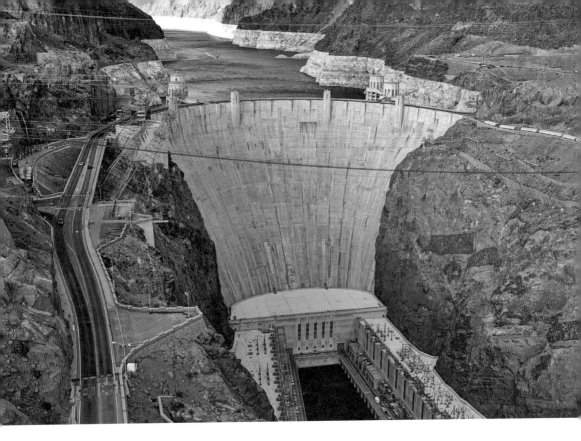

胡佛水壩 Hoover Dam

建議遊玩時間：0.5～1 小時
推薦造訪時段：秋至春季

　　距離賭城 40 分鐘車程的胡佛水壩，坐落於 Lake Mead，是美國最大蓄水池，修建於美國經濟大衰退時期，想利用水資源灌溉發電和控制淹水問題。雖說興建大水壩提供了不少工作機會，卻也有數百人犧牲性命，畢竟當時沒冷氣，在夏天四十多度的沙漠中做工既辛苦又危險。胡佛水壩完成後，由羅斯福總統主持開幕儀式，成為當時最大的發電設施，有「沙漠之鑽」美譽。胡佛水壩為鄰近三州帶來極大效益，Lake Mead 也有許多娛樂設施，如遊艇、滑水或釣魚露營等，每年吸引近百萬人來訪。

🕐 09：00～17：00　📍 定位 Hoover Dam　📞（702）494-2517　🅿 免費停車場

紅岩峽谷
Red Rock Canyon National Conservation Area

建議遊玩時間：半天
推薦造訪時段：秋至春季清晨

　　離賭城半小時車程，猶如迷你版猶他州或亞利桑那山石的聚集地點，每年吸引3百萬遊客。可沿著21公里的單線景觀自駕道路觀賞壯觀的山石風光，也是天王周杰倫MV《錯過的煙火》的拍攝地點。

$ $20 一車　**⊘** 8：00～17：00　**⊙** 定位 Red Rock Canyon Las Vegas　**☏**（702）515-5350　**Ｐ** 免費停車　**⚠** 進入需事先上網預約，每月開放時間不同，請洽官網。

拉斯維加斯美食 & 住宿 | 🍴🏠

Wicked Spoon 美式料理自助餐

　被內華達州最大報《Review Journal》評為賭城最好吃的自助餐廳，提供沙朗牛排、肋眼、炸雞和其他異國料理。

$ 早餐 $38、午餐 $45 起（孩童半價）　**🕐** 平日 08：00 ～ 15：00、週末 09：00 ～ 16：00　**📍** The Chelsea Tower, 3708 S Las Vegas Blvd, Las Vegas, NV 89109（柯夢波丹酒店西邊 2 樓）　**📞**（877）893-2001

Mon Ami Gabi 法國料理

　可以邊享用美味餐點，邊觀賞百利宮的水舞，推薦早午餐和牛排。

$ 午餐 $20 起、晚餐 $30 起　**🕐** 週日～四 07：00 ～ 22：00、週五～六 07：00 ～ 23：00　**📍** 3655 S Las Vegas Blvd South, Las Vegas, NV 89109（巴黎酒店 1 樓）　**📞**（702）944-4224

Grimaldi Pizza 紐約披薩

來自紐約布魯克林，口味正宗道地，很推薦肉丸 meatballs 和義式香腸 italian sausage 口味。

💲 小份單人披薩 $18 起　🕐 週日～四 11：00 ～ 23：00；週五～六 11：00 ～ 1：00
📍 3327 Las Vegas Blvd Ste 2710, Las Vegas, NV 89109（Palazzo 酒店 2 樓）　📞（702）754-3450

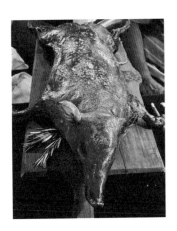

Bazaar Meat By Jose Andrés 牛排

被旅遊雜誌 Conde Nast 報導，米其林明星主廚 Jose Andres 曾拿下美食界奧斯卡 James Beard Award，前菜的擺盤都很有趣。餐廳最擅長的是肉類料理，牛排口感軟嫩，烤乳豬也很好吃。

💲 $50 起　🕐 17：00 ～ 22：00　📍 2535 S Las Vegas Blvd, Las Vegas, NV 89109　📞（702）761-7610

Raku 日本料理

老闆兼廚師 Mitsuo Endo 生於東京，專攻會席料理，色香味俱全，風格精緻。老闆曾在紐約、西雅圖開過餐廳，更數度拿下 James Beard Award 提名。

💲 無菜單料理套餐 Omakase $120 起　🕐 週一～六 18：00 ～ 03：00（週日公休）　📍 5030 Spring Mountain Rd, Ste 2, Las Vegas, NV 89146　📞（702）367-3511

Edo Gastros Tapas & Wine
西班牙料理

　　廚師 Amador Edo 是巴塞隆納人，現代風格的西班牙料理，肉類新鮮、酒類多元。

$ $20 起，8 道菜廚師套餐 $65 起　🕐 17：00 ～ 21：00　📍 3400 South Jones Boulevard Suite #11A, Las Vegas, NV 89146　📞（702）641-1345

　　賭城大道上的旅館假日時偏貴，有預算可挑一間體驗看看。想省荷包的話，可考慮以下兩間 Strip 區外的住宿，開車約 5 分鐘。

Tahiti Resort

　　乾淨舒適的三星旅館，空間大，套房 Suite 房型有洗衣機、烘衣機和完整廚具。有免費接駁車往返賭城大道。

$ 雙人房 $99 起、四人套房 $139 起　📍 5101 W Tropicana Ave, Las Vegas, NV 89103　📞（702）284-7200　🏠 簡易早餐、Wifi、室外游泳池、三溫暖池、免費停車場。

Residence Inn by Marriott Las Vegas Convention Center

　　三星商務旅館，有獨立客廳和臥房，隔音好又乾淨。提供免費接駁車往返賭城大道。

💲 $148 起　📍 3225 Paradise Rd, Las Vegas, NV 89109
📞（702）796-9300　🏠 免費早餐、Wifi、電視、廚具冰箱、微波爐、室外泳池、兒童池、健身房、停車一晚 $15。

Part 7

亞利桑那州

Arizona

「欣賞和了解大自然的喜悅，就是大自然所給予
最美的禮物。」
——愛因斯坦

全世界最美祕境—羚羊峽谷＆馬蹄灣

建議遊玩時間：1.5～2小時
推薦造訪時段：夏季近中午時分
　（11：00～13：00）陽光最強
　顏色也最鮮明；春秋兩季為次選；
　冬季光線最弱，但人潮更少。3月
　底到10月初，太陽大時可拍到強
　光照射在峽谷中。

　　走在羚羊峽谷，就彷彿走進
「國家地理頻道」，眼前是雄偉
的峽谷岩壁，令人不敢相信這裡
是地球，也令你不自覺感到渺小
與謙卑。羚羊峽谷分上下峽谷可
做選擇，同時為印第安保護區。

◀ 上羚羊峽谷內的橫向愛心

布萊斯國家公園

錫安國家公園

馬蹄灣

羚羊峽谷

拉斯維加斯

大峽谷國家公園

紅岩聖多納州立公園

◀ 亞利桑那州

上羚羊峽谷 Upper Antelope Canyon

　　印地安語裡，上羚羊峽谷意指「水流入岩石之地」，狹縫山谷來自日積月累的砂石侵蝕，颶風或暴雨引起的水災流入谷底，經過長時間累積，形成約 1.2 公里高的峽谷。這裡的砂岩又名納瓦霍砂岩（Navajo Sandstone），由於質地鬆軟，形成層層鮮豔的砂石紋路，雖說形成壯麗景觀卻也有缺點，2006 年的水災就導致羚羊山谷被完全淹沒 36 小時，死傷慘重，對當地人更是難忘的傷口。即便只是附近下雨都可能造成峽谷內的水災，天候不佳時也必須關閉。

　　納瓦霍是美國印地安人的部落之一，擁有美國政府的特別補助。對他們來說，守護這塊上天所賜與的土地是肩負的責任，認為峽谷可幫助人們找到心靈平靜。靠近出口的地方也常安排原住民演奏唱歌，讓你體驗納瓦霍族的民族風情。

💲 $112 起，需上網預約，請搜尋 Antelope Slot Canyon Tours by Chief Tsosie　🕐 07：30 ～ 17：30　📍 55 S. Lake Powell Blvd. Page, Arizona 86040　📞（928）645-5594　🅿 免費停車　⚠ 通常會先約在導覽公司，藉著「載豬仔車」般的卡車到峽谷入口，記得沿路得摀住口鼻，免得路程中一口風一口沙。

下羚羊峽谷 Lower Antelope Canyon

和上羚羊峽谷的喧鬧相比，下羚羊山谷低調安靜，人煙相對稀少，峽谷導覽時間和路線較長，曾被《CNN》於 2014 年列舉「13 個美國最上相又好拍的景點」第一名。只不過地勢相對陡峭入口又隱密，若沒專人帶領不可能找到。

相對於上羚羊峽谷的平地而行，下羚羊峽谷由入口進去後，要沿著陡峭樓梯往下攀爬約 3 層樓高。據說本來下羚羊峽谷不需要導覽，但太多人肆意進出破壞環境，導致峽谷臭氣熏天，現在才嚴格把關。

在納瓦霍語中，下羚羊山谷的意思是拱型螺旋岩石。即便沒大紅大紫的顏色襯托，但遊客較少，更多攝影者選擇在此拍攝。眼前峽谷中的空地，據說是羚羊冬天時最愛聚集的地方。

$ 普通團 1 小時 $55、豪華團（含原住民風味餐）1.5 小時 $135，均需外加印地安區保護費 $8。需事先預約，請搜尋 Lower Antelope Ken's Tour。 🕐 7：30 ～ 17：30 📍 Indian Rte 222, Page, AZ 86040 ☎ （928）645-6997 🅿 免費停車位 ⚠ 禁止在峽谷內使用腳架和自拍神器。相機可設定白平衡至陰天模式，適合抓山谷裡的光，ISO 設 650 ～ 800。

馬蹄灣 Horseshoe Bend

建議遊玩時間：0.5～1 小時
推薦造訪時段：10：00～16：00，比較沒有陰影
在馬蹄灣上。

　　到達馬蹄灣停車場後，沿著指標向前，經過 1.4
公里爬坡會來到馬蹄灣邊緣。腳下所踩的砂石地
在兩億年前曾是北美洲最大的砂石海，歷經千萬
年的水和礦物質累積，才得以堆積成納瓦霍砂
石，成為眼前 305 公尺高的馬蹄灣。

　　科羅拉多河暴漲時，蜿蜒水勢沖刷著納瓦霍砂
石，形成三面環繞的景觀。在一天內不同的時間
造訪，能看到河水因陽光照射的角度產生不同顏
色。

$ $10　⊙ 日出至日落　♀ 89 號公路 #544 和 #545 里程碑之間
📞（928）608-6200　🅿 門票含停車位　⚠ 馬蹄灣沒欄杆，請小
心腳步避免滑落。

羚羊峽谷美食 & 住宿 | 🍽️ 🏠

Blue Buddha Sushi Lounge 美日混搭料理

　　夜店氛圍，我很喜歡以酪梨蟹肉捲和龍蝦沙拉做成的火山壽司（Volcano Roll）。Phat Bowl 則是有菜有肉、營養均衡，很像美式熱炒配白飯。

$ $20 起　🕐 週二～六 17：00～21：00（週日、一公休）　📍 644 N Navajo Dr, Page, AZ 86040　📞（928）645-0007

Canyon Colors Bed & Breakfast

　　離羚羊山谷和馬蹄灣 10 分鐘車程，超過 20 年歷史的老字號民宿，牆壁上的壁畫十分精巧，臥房裝飾溫馨，老闆娘會親手烤手工小點心給客人吃，早餐也很美味飽足。

$ 獨立衛浴房型 $99 起　📍 225 South Navajo, Page, AZ 86040　📞（928）640-0647　🏠 免費 Wifi、含豐盛早餐，茶和咖啡，房內有冰箱、電視和 DVD 播放機，免費停車位。

世界七大奇觀—大峽谷國家公園

Grand Canyon National Park

建議遊玩時間：2 ～ 3 天
推薦造訪時段：春、秋氣候最舒適、冬季有雪景。5 月底到 9 月初人潮最多。

　　大峽谷國家公園儼然已成為美西著名地標，科羅拉多河沖刷而形成的雄偉壯觀景致，不但是世界七大奇觀，也是聯合國世界文化遺產。占地 121 公頃的大峽谷分為南緣、西緣和北緣，最受歡迎且全年開放的景點集中在南緣，也是本篇介紹重點。大峽谷的春、秋兩季日夜溫差大，夏天平均溫度則在 30 度左右，偶爾有暴風雨。峽谷內的溫度比邊緣還高出 10 度，冬天則在 0 ～ 5 度，可能會下雪，前往時務必多加留意天氣。

園區交通

開車

園區內雖提供停車位，卻不是最便利的方式，因為許多景點需要搭園區巴士才能抵達。但最東邊的 Yaki Point 以東至 Desert View 沒有巴士，需開車自駕。

園區免費巴士 Grand Canyon Shuttle

藍線營運時間為 04：00 ～ 22：30，15 ～ 30 分一班。其他線為從 04：00 至日落後一小時。主要有三條巴士路線：

▶ 藍線 Village Route
含園內各營區和旅館路線，包括遊客中心（轉搭橘紅線）、Blue Angel Lodge、Maswik Lodge、補給站 Market Plaza 及 Hermits Rest Route Transfer（轉搭紅線）。

▶ 橘線 Kaibab Rim Route
走遊客中心以東景點，包括遊客中心（轉搭藍紅線）、Mather Point、Yavapai 地質博物館 Geology Museum、South Kaibab 步道入口、Yaki Point。

▶ 紅線 Hermit Rim Route
走遊客中心以西的景點，這裡的景點只能以園區巴士、腳踏車或步行抵達，車輛禁止出入。包括 Village Transfer（連搭藍線）、Rim Trail、Trailview Overlook、Mohave Point、Hermits Rest 等。

行程規劃建議
- 半天：搭紅線園區巴士，每個景點下車遊玩。
- 一天：加入藍線 Mather Point 和橘線所有景點。
- 兩天：加入一條峽谷步道（Bright Angel Trail 或 South Kebab Trail）。
- 三天：再爬另一條峽谷步道，或自駕從 Yaki Point 玩到 Desert View。

峽谷邊緣步道 Rim Trail

　　步道平坦好走，全長 12 英里，可沿著峽谷邊緣從 South Kebab Trailhead 一路走到 Hermits Rest，一覽精華景色。除了健行，也可搭園區巴士，在每個景點走走逛逛，一路玩到最後一站。景點集中在 Bright Angel Trailhead 到 Hermits Rest 這段。

　　走在邊緣步道上可見證峽谷的年歲，腳下所踩的 6 個地質層有 70 億年歷史。若上帝是大峽谷的雕刻家，底下的科羅拉多河是祂的工具，在千萬層岩石間刻劃出現今看到的大峽谷。Hopi Point、Mohave Point、Pima Point 可欣賞不同角度的科羅拉多河，在陽光照射下反射藍綠色光芒。步道終點是 Hermits Rest，也是大峽谷國家公園南緣的最西點。建於 1914 年，以石頭砌成的屋子提供旅人休憩，被列入國家史蹟名錄。

360 度峽谷景觀
South Kebab Trail

　　步道較高較陡，最壯觀的景色在開頭兩英里。爬行時可感受高度陡降，在 0.9 英里時來到「嗚啊點」（Ooh-Ahh Point），正是形容眼前美景的讚嘆語助詞。這條步道和大峽谷的驢子走的是同一條，沿路會看到不少驢子糞便，請小心向前。可在 Cedar Ridge 稍作停歇後，在 2 英里處欣賞到 360 度峽谷景觀。

▲ South Kebab Trail 前 1 英里的美景

來回長度	停靠點	來回所需時間	海拔高度
起點	South Kebab Trailhead	0	7,260 英尺
1.8 英里	Ooh Ahh Point	1～2 小時	6,800 英尺
3 英里	Cedar Ridge	2～4 小時	6,060 英尺
6 英里	Skeleton Point	4～6 小時	5,200 英尺

▲ South Kebab 步道資訊

▼ 2 英里處的 360 度景致

走進大峽谷綠洲 Bright Angel Trail

步道較長卻也相對平穩，每 1.5 英里有設休息站提供水源和廁所。在 3 英里休息站的廁所後有條小路，可欣賞壯觀的懸崖景觀。往下走時，可觀察到不同岩石層隨著季節、光線、雲量等變化不同顏色。

走約 3 小時後會來到峽谷底端，一路穿過仙人掌小樹林來到印地安花園，就是綠洲了。很難想像在光禿禿的大峽谷中央，居然長出比人還高兩倍的樹林。若想一瞧科羅納多河，也可走到 Plateau Point 再返回。

來回長度	停靠點	來回所需時間	海拔高度
起點	Bright Angel Trailhead	0	6,840 英尺
3 英里	1.5 英里休息站	2～4 小時	5,720 英尺
6 英里	3 英里休息站	4～6 小時	4,720 英尺
9.2 英里	Indian Garden	6～9 小時	3,800 英尺
12.2 英里	Plateau Point	8～12 小時	3,760 英尺

▲ Bright Angel 步道資訊

賞日出和日落點

若時間允許，不要錯過在大峽谷賞日出或日落的體驗。要賞日落，最好在日落前 1.5 小時先卡位，日落後半小時再離開。想賞日出的話，至少要在日出前 30 分鐘抵達地點。

- 最佳賞日落地點：紅線的 Hopi Point、Mohave Point、Pima Point；黃線的 Yaki Point、Yavapai Point、Mather Point；東邊的 Lipan Point。
- 最佳賞日出地點：Yaki Point、Mather Point。

$ 一車 $35，可使用國家公園年票 📍 20 S Entrance Rd, Grand Canyon Village, AZ 86023 ☎ （928）638-7888 P 園內免費停車 ⚠ 健行請注意缺水和高山症的情況，量力而為，回程上坡會比去程下坡多一倍時間和體力。

▼ Hopi Point 日落

大峽谷美食 & 住宿 | 🍴 🏠

園區有許多餐廳，提供三明治、披薩、沙拉等輕食，Market Plaza 能買到新鮮蔬果，但價格比園區外貴一些。

El Tovar Dining Room 美式餐廳

El Tovar 酒店是大峽谷歷史最悠久的酒店，柯林頓和小羅斯福總統曾在此用餐。這裡的烤鴨和魚排精緻可口，還能欣賞峽谷風景。建議事先預約。

💲 $25 起　🕐 早餐 06：30 ～ 10：00、中餐 11：00 ～ 14：30、晚餐 16：30 ～ 21：30　📍 1 El Tovar Road, Grand Canyon Village, AZ 86023　📞（928）638-2631　⚠ 住宿每晚 $278 起。

Maswik Lodge

乾淨整潔、剛重新裝潢，步行 5 分鐘可至峽谷邊緣，酒店內附設餐廳，供應自費餐點。

💲 $229 起　📍 202 Village Loop Drive, Grand Canyon Village, AZ 86023　📞（928）638-2631　⚠ 大廳有 Wifi，房裡有咖啡壺、電視和電冰箱，免費停車位。

Bright Angel Lodge

收錄至國家史蹟名錄、酒店外就是 Bright Angel 步道。從雅致的基本房到奢華的小木屋都有，附設餐廳供應自費餐點，部分房型有峽谷景觀。

💲 $120 起　📍 9 Village Loop Drive, Grand Canyon Village, AZ 86023　📞（928）638-2631　⚠ 大廳 Wifi、房內有咖啡壺、電視、冰箱，免費停車位。

聖多納紅岩州立公園

Sedona Red Rock State Park

建議遊玩時間：1 天
推薦造訪時段：春、秋

　　以橘紅色巨石聞名的聖多納小鎮，一年當中有 300 天都陽光普照，曾被《USA Today》列為全美十大美景之一。聖多納範圍較小，可選一、兩條步道近距離接觸聖多納壯麗紅岩，步道大都在 1 ～ 2 小時內可走完。在此推薦我的兩種深度玩法，也可依照喜好混搭行程。

魔鬼橋

聖多納遊客中心

手工藝村

教堂石　　十字教堂

▶ 聖多納

鐘石

四肢發達玩透透：魔鬼橋、教堂石、鐘石

　　從遊客中心出發，沿 89A 號公路往西開 3 英里，右轉於 Dry Creek Rd，再開 2 英里後右轉於 Vultee Arch 來到停車場。沿著 Devil's Bridge 指標前行，沿路會看到遼闊、海拔 4,600 公尺的平原景觀。走 0.75 英里後遇到岔路，沿著右邊岩石往上爬，來到魔鬼橋頂端。魔鬼橋是聖多納最大拱狀山石，遠看似乎細小，走上去卻安穩寬闊。

　　回 89A 號公路往東。右轉於 179 號公路往南開約 10 分鐘，右轉於 Back O Beyond Rd 來到停車場。教堂石 Cathedral Rock 需要稍微攀一下岩，岩石上可看到許多腳踏痕跡。到達頂端後可自行觀看雄偉的紅岩視野。

　　之後繼續沿 179 號公路往南，開約 5 分鐘後左轉於第一個出口就會看到鐘石。攀爬上鐘石則需 2.5 小時左右。

▲ 教堂石頂端

▼ 鐘石

老少咸宜闔家歡：手工藝村、十字教堂

　　遊客中心的對面，就是欣賞聖多納景觀的好地點，可看到史努比石和大象岩，解說牌上也列出了所有在聖多納取景的老電影。之後沿 179 號公路往南開 2 分鐘，就會看到有「聖多納的藝術與靈魂」之稱的手工藝村 Tlaquepaque Arts & Crafts Village，以墨西哥式古典建築建成，有藝廊、手工藝品、服飾等，是紅岩小鎮的藝術文化中心，每年吸引 100 萬名旅客來朝聖。

　　接著繼續沿 179 號公路往南開 5 分鐘，左轉於 Chapel Rd 就來到十字架教堂，

▲ 教堂後面的 360 度景觀

▼ 十字架教堂

這裡春季時會看到很多美麗的仙人掌花。

　　教堂以十字架為設計主軸，鑲嵌在岩石裡。雕刻家 Marguerite Brunswig Staude 希望能打造出無論信仰或背景皆可被包容接納的概念，希望更多人感受上帝的擁抱。教堂門口流暢線條，設計靈感來自紐約帝國大廈。教堂內前後的透明窗戶映入的天然美景，就是最好的裝飾。教堂外也可看到明顯的雙修女石。

💲 成人 $7、孩童 $4　🕐 8：30〜17：00　📍 4050 Red Rock Loop Rd, Sedona, AZ 86336　📞（928）282-6907　🅿 免費　⚠ 附近山路蜿蜒難開，建議避免夜間開車。

聖多納美食＆住宿 🍴🏠

Tortas De Fuego Mexican Food 墨西哥料理

　　餐廳外觀看似不起眼，卻有道地好吃的墨西哥捲，搭配的莎莎醬可以自助無限取用。墨西哥肉捲 Burrito 尺寸比臉還大，相當飽足！也推薦三明治 Tortas。

💲 $15 起　🕐 8：00 ～ 21：00　📍 1630 AZ-89A, Sedona,AZ 86336　📞（928）282-0226　🅿 免費停車場

Sugar Loaf Lodge

　　1970 年開放至今，經濟實惠且空間寬敞的二星旅館。早上提供免費水果和點心。

💲 $105 起　📍 1870 W Hwy 89A Sedona, AZ 86336　📞（928）282-9451　⛄ 免費 Wifi、咖啡壺、微波爐、電視和冰箱，免費停車。

Part 8

猶他州

Utah

「對那些感到害怕、孤獨與難過的人，最好的良藥莫過於走一趟大自然，去可以靜下心並且與天地萬物和上帝為伍的地方。」
——安妮・法蘭克（《安妮日記》作者）

錫安國家公園

Zion National Park

建議遊玩時間：2 ～ 3 天
推薦造訪時段：春、秋季最舒服，冬季有雪景。

　　錫安山之名來自耶路撒冷，《聖經》曾講述上帝在錫安山中顯明自己是避難所。1863 年，一群拓荒者來到猶他州，被眼前壯闊的美景震攝，於是以錫安命名，象徵著應許安歇之地。錫安國家公園近年也成為猶他州最熱門的國家公園，以峽谷溪流山脈聞名。

　　進入園區，建議食物和乾糧要多帶，水量以 1 人 1 天 **3.5** 公升為原則。冬季登山要小心體溫過低的問題。若被雨水或雪淋濕都會導致體溫急速降低，建議不要穿棉質外套，要穿防水保暖的夾克。

溯溪入口
Temple of Sinawava

大彎點　　　哭泣石

石窟步道

Zion Lodge 園區內住宿

三聖石

峽谷交口

錫安人類史博物館

▶ 錫安國家公園

遊客中心

▲ 三聖石

園區交通

開車（11 月底 ～ 3 月初）

　　園區內有許多蜿蜒的單線道山路，請減速慢行。停車場在大門口，園中有零星停車位。若開車遊園，9 號公路往北走就會碰到 Zion Scenic Drive。冬季來訪自駕會比較方便。

園區巴士（3 月中 ～ 11 月初運行）

　　每15分鐘一班。每天早上 6 ～ 7 點發車，晚上 7 ～ 8 點收車，視日照時間而定。

1. 錫安國家公園遊客中心 Zion Canyon Visitor Center	
2. 錫安人類史博物館 Zion Human History Museum	
3. 峽谷交口 Canyon Junction	
4. 三聖石 Court of Patriarchs	從站牌步行約 5 ～ 10 分鐘。三聖石從左到右分別為亞伯拉罕、以撒、雅各之石。
5. Zion Lodge 園區內住宿	可租借腳踏車。
6. 石窟步道 The Grotto	石窟步道、天使降臨山步道起點。
7. 哭泣石 Weeping Rock	沿著指標走 0.4 英里抵達。也是最高峰 Observation Point 起點。
8. 大彎點 Big Bend	可看到天使降臨山和維琴河，白色平坦山頭是大白寶座山 Great White Throne。
9. Temple of Sinawava	河濱步道 Riverside Walk、維琴河 Virgin River，和 The Narrows 溯溪入口

▲ 巴士站（依站牌號碼排列）

▲ 天使降臨點

腳踏車

　　園內空氣良好，騎腳踏車非常舒服，可沿 Zion Scenic Drive 往北騎。Zion Lodge 和入口處都可租借腳踏車（請搜尋 Zion Outfitter），價位一天 $39 起，下午租借則 $29 起。

行程規劃建議

- 半天：搭園區巴士走精華景點。
- 一天：加入 2 個簡單的步道，或 1 個中等難度步道。
- 兩天：可加入溯溪行程。
- 三天：可挑戰天使降臨山或錫安國家公園最高點。

名稱	難易度	長度	花費時間	特色
石窟步道 Grotto Trail	簡單	1 英里	約 1 小時	起終點是 Zion Lodge 站和 The Grotto 站，可選其一為起點。平坦易走，可連結下翡翠池。
下翡翠池步道 Lower Emerald Pool Trail	簡單	1.2 英里	約 1 小時	起點在 Zion Lodge 站，走到下翡翠池後原路返回。可看到瀑布和藍綠色湖水，也可連結較陡峭的上翡翠池（時間和長度一樣）。
峽谷景觀步道 Canyon Overlook Trail	中等	1 英里	約 1 .5 小時	離東邊出入口最近，在 Mt. Carmel Highway 停車場對面，入園或離開時可順路一遊。

▲ 健行步道

錫安國家公園最高峰
Observation Point via East Rim Trail

由 Weeping rock 為起點，可到錫安國家公園最高點，路程比天使降臨點平穩，但花費時間更長，步道為原路返回。

難度：困難 / 來回長度：8 英里 / 花費時間：來回 6 小時

經典行程

天使降臨山 Angel's Landing

猶他州國家公園內的特色就是含有鐵質的紅褐色石頭，為當地奇景。爬行天使降臨山時，可欣賞到九種不同岩層，又名「大階梯」（ The Grand Staircase）。

這條路線可搭園區巴士在 Grotto 站下車，依指標前行。前 2 小時為陸上，之後走入峽谷裡，最難爬的是最後 0.5 英里，得抓著鐵鍊往前，立足點較小，相當危險，曾發生過許多次登山意外，務必小心安全並評估自身狀況。

來到天使降臨山平臺後，若想挑戰攻頂，可繼續攀爬剩下的一小段鐵鍊路程，沿左邊紅色山脈慢慢到達 5,790 英尺（1,760 米）高的山頂。

難度：困難 / 來回長度：5.4 英里 / 花費時間：來回約 4 小時 / ⚠ 不建議下雪或下雨時前往，盡量在太陽下山前完成。

▼ 峽谷景觀步道

▼ 攀岩時得抓緊鐵鍊前進

Narrows 溪谷溯溪行 Narrows via Riverside Walk

　　The Narrows 是窄小的意思，也是錫安國家公園中最窄小細長的部分。在幾千呎高的岩壁底下，只有一條 30 多英尺寬的河流，這是錫安國家公園絕對不能錯過的景點，可直接從峽谷底端欣賞到壯麗的山壁風景，被《國家地理》雜誌評選為全美百大探險第五名！

　　貫穿峽谷的維琴河（Virgin River）全程 10 英里，來回需 6 至 8 小時，整條路程有超過一半都在水裡。搭園區巴士在 Temple of Sinawava 站下車後，走 1 英

里即達入口。建議至少走 2 ～ 3 小時再回頭，越深入越精采，但溯溪時需注意，不要穿著涼鞋或拖鞋，以免扭傷腳踝，建議在公園入口租溯溪鞋襪和手杖，怕冷或冬天前往也可另租溯溪褲。物品請做好防水準備，並隨時評估自身狀況。

難度：困難 / 來回長度：9.4 英里 / 花費時間：最長來回 8 小時 / ⚠ 7 ～ 9 月常有颶風、雷雨，雪水融化也會造成水位暴漲。通常春末夏初的水溫較高，水位偏低。冬季和初春水溫較低，水位較高。園區會公布每日水位與是否開放。

$ $35 一車，可使用國家公園年票 ⚲ 1 Zion Park Blvd. State Route 9. Springdale, UT 84767 ☎（432）772-3256 ⚠ 錫安國家公園離羚羊峽谷車程 2 小時，離布萊斯國家公園 1.5 時，被稱為鐵三角，安排行程時可放在一起。

錫安美食 & 住宿 | 🍴 🏠

Oscar's Café 墨西哥美式料理

料好實在，露天座位氣氛絕佳，推薦酪梨漢堡 Avocado Chip Burger、新鮮酪梨醬 Guacamole、墨西哥豬肉捲 Pork Chili Verde Burrito 和煎鮭魚套餐。

$ $15 起 **🕐** 7：00 ～ 20：00 **📍** 948 Zion Park Blvd, Springdale, UT 84767 **📞**（435）772-3232

Harvest Home Bed & Breakfast

離錫安國家公園開車 3 分鐘，2 樓窗臺可看到錫安國家公園，夜晚能賞銀河。民宿主人自製的早餐分為前菜和主菜兩道式，分量豪邁，但只有 3 ～ 10 月才有提供。

$ $171 起 **📍** 29 Canyon View Dr, Springdale, UT 84767 **📞**（435）772-3880 **⚓** Wifi、冷氣、電視和微波爐、戶外三溫暖，免費停車。

Zion National Park Lodge

園區內的三星級歷史性旅館，分為小木屋和旅館房型，旅館外就能欣賞到壯麗景色，步行就可抵達登山步道。

$ $149 起 **📍** 1 Zion Lodge, Springdale, UT 84767 **📞**（435）772-7700 **⚓** Wifi、冷氣、咖啡壺。小木屋內有微波爐和冰箱。免費停車。

布萊斯國家公園

Bryce Canyon National Park

○ 仙境點

入口和遊客中心 ○

○ 日出點

○ 靈感點

○ 布萊斯塔橋

建議遊玩時間：1 ～ 1.5 天
推薦造訪時段：四季皆有不同特色。春季有沙漠之花，夏有雨季，秋季最涼爽，冬季有雪景。

○ 彩虹點

　　猶他州的大階梯區域 Grand Staircase，是由 5.5 億年前的地層累積而成，大階梯的最頂端就是布萊斯國家公園，以各種大小的岩柱 Hoodoos 聞名，早期原住民甚至認為這些栩栩如生的岩柱是真人變的。

▲ 仙境環線內的特殊岩石景致

▼ 用身形當比例尺

　　岩柱由河水，風和冰的侵蝕，以及四季分明的天氣而形成。每年冬天，布萊斯都會下雪，白天氣溫攀升，積雪緩慢融化，晚上氣溫又急速下降，這時又結冰膨脹，膨脹的力量大到足以把石頭打成許多小碎片。一年內有 200 天都歷經不斷的積雪融化和持續風化。到了夏天的雨季，石頭吸收水分有限，積水也順道沖刷膨脹的石頭碎片，沖刷後遺留下來就是岩柱了。

▲ 布萊斯塔橋

園區交通

免費巴士 Bryce Canyon Shuttle Service

4 月初至 10 月底營運，時間依每年氣溫有所調整，以官網為準。可停車在遊客中心，搭巴士前往 Ruby's Inn、布萊斯點、靈感點、日落點、日出點等景點，遊一圈約 50 分鐘。

健行步道

若健康狀況許可，我更推薦園區內的步道，更能近距離感受山谷的雄偉和氣勢。攀爬仙境環線，出遊客中心後往回（左）開 1 英里左右，便會看到 Fairyland 的標誌。其他登山步道則在遊客中心繼續往前（右）開。

名稱	難易度	長度	花費時間	特色
日出至日落點 Sunset to Sunset Point	簡單	1 英里	約 1 小時	平坦易走，適合全家大小。
狐尾環線 Bristlecone Loop	簡單	1 英里	約 1 小時	位置較偏遠，以離出口最遠、最南端的彩虹點為起點，走到 Yovimpa Point　，但這裡的岩石也最古老。
布萊斯塔橋 Tower Bridge	中等	3 英里	2～3 小時	以石柱間連結起來的天然塔橋聞名，從日出點走到城牆為終點，原路返回。
仙境環線 Fairyland Loop	困難	8 英里	5～6 小時	起點在 Fairyland Point 的環形步道。可看到仙境峽谷，布萊斯塔橋、中國城、日出點。

自駕路線

可自駕沿 63 號公路 Bryce Canyon Road，經過 13 個布萊斯山谷景點，若每個景點都停留拍照，約花 3 小時。

沿途停靠景點：

仙境點 Fairyland Point
日出點 Sunrise Point
日落點 Sunset Point
靈感點 Iinspiration Point
布萊斯點 Bryce Point
沼澤峽谷 Swamp Canyon
遠景點 Farview Point

海盜點 Piracy Point
天然橋 Natural Bridge
水之峽谷 Agua Canyon
龐德羅莎峽谷 Ponderosa Canyon
黑樺峽谷 Black Birch Canyon
彩虹點 Rainbow Point
松樹嶺點 Yovimpa Point

$ $35 一車，可使用國家公園年票　♀ Highway 63, Bryce Canyon City, UT 84764　☎ （435）834-5322
🅿 免費停車位　⚠ 園區海拔 2,774 公尺，夜晚溫差大，可能有頭暈和疲憊狀況，請適度休息並帶足夠水源和乾糧。

布萊斯國家公園住宿 🏠

The Lodge at Bryce Canyon

位於園區內，1925 年成立的三星級歷史性旅館。有旅館房間或小木屋房型，4 至 11 月開放。

$ $254 起　♀ 1 Lodge Way Hwy 63, Bryce, UT 84764　☎ （435）834-8700　⌂ 免費 Wifi、提供付費早餐、冷暖氣、電視、冰箱和咖啡壺，免費停車。

Canyons Lodge

除了園區內住宿，Kanab 也是不錯的落腳點，車程離錫安國家公園半小時、大峽谷 1 時 15 分、羚羊山谷 1 小時、布萊斯國家公園 1.5 小時。這間二星級旅館充滿西部風情，舒適寬敞，CP 值頗高。

$ $101 起　♀ 236 N. 300 W. Kanab, UT 84741　☎ （435）644-3069　⌂ 免費 Wifi、腳踏車租借、早餐、電視和微波爐，免費停車。

附錄 / 美西行程建議

▶ 一日遊行程建議

・洛杉磯東、西區一日遊

聖塔莫尼卡海灘→蓋提中心→小東京吃午餐→洛杉磯郡立美術館→好萊塢星光大道→格里斐斯天文臺看夜景

・洛杉磯西區一日遊

馬里布海灘→蓋提別墅莊園→ UCLA 大學城→比佛利山莊→聖塔莫尼卡海灘看夕陽、吃晚餐→葛洛夫購物中心

・洛杉磯東區一日遊

洛杉磯市中心（2 ～ 3 個景點）→小東京或帕薩迪那吃午餐→洛杉磯郡立美術館／漢庭頓圖書館→好萊塢星光大道→格里斐斯天文臺看夜景

・聖地牙哥一日遊

拉荷亞海灘踏浪→景觀餐廳吃早午餐→ Mt. Soledad 紀念碑→沙克研究中心→巴爾博雅公園→卡布里歐雕像／中途島號戰艦博物館→騎腳踏車去克羅納多島看夕陽→海港村

・舊金山市區一日遊

漁人碼頭往東路線：惡魔島、天使島和柯伊特塔→漁人碼頭吃午餐
漁人碼頭往西路線：Boudin Bakery、巧克力廣場和九曲花街→市區吃美食／爬上金門大橋看夕陽

・舊金山灣區一日遊

市區路線二選一→南灣史丹福校園 + 谷歌旗艦店／東灣柏克萊／北灣紅木森林

以下推薦以洛杉磯為中心規劃的行程，可依照停留天數安排。

▶ 洛杉磯 4 日

	行程建議	住宿建議
Day 1	西區一日遊	宿：洛杉磯西區
Day 2	東區一日遊	宿：洛杉磯東區
Day 3	迪士尼樂園	宿：橘郡
Day 4	聖地牙哥北岸一日遊，晚上回洛杉磯	宿：洛杉磯

▶ 洛杉磯以北 7 日都市總匯

	行程建議	住宿建議
Day 1	洛杉磯西區一日遊	宿：洛杉磯西區
Day 2	洛杉磯東區一日遊	宿：洛杉磯東區
Day 3	迪士尼／環球影城一日遊	宿：洛杉磯
Day 4	中加州：聖塔芭芭拉、丹麥村和赫斯特城堡	宿：赫斯特城堡
Day 5	大索爾、卡梅爾海、蒙特利灣	宿：舊金山或蒙特利灣
Day 6	舊金山市區一日遊	宿：舊金山
Day 7	納帕酒莊一日遊	宿：舊金山

▶ 洛杉磯以北 7 日大山大水

	行程建議	住宿建議
Day 1	洛杉磯西區一日遊	宿：洛杉磯西區
Day 2	洛杉磯東區一日遊	宿：洛杉磯東區
Day 3	迪士尼／環球影城一日遊	宿：遊樂園附近
Day 4	紅杉樹（車程 3.5 小時）	宿：紅杉樹
Day 5	優勝美地（車程 2.5 小時）	宿：優勝美地
Day 6	優勝美地至舊金山	宿：舊金山
Day 7	舊金山市區灣區一日遊	宿：舊金山

▶ 洛杉磯以東 7 日（大峽谷和聖多納）

	行程建議	住宿建議
Day 1	洛杉磯西區一日遊	宿：洛杉磯西區
Day 2	洛杉磯東區一日遊	宿：洛杉磯東區
Day 3	迪士尼／環球影城一日遊	宿：遊樂園附近
Day 4	拉斯維加斯（車程 4 小時）	宿：賭城
Day 5	大峽谷國家公園（車程 4 小時）	宿：大峽谷
Day 6	大峽谷到聖多納（車程 2 小時）	宿：聖多納
Day 7	回洛杉磯，中途可停棕梠泉或約書亞樹（車程 7.5 小時）	宿：洛杉磯

▶ 洛杉磯以東 7 日（金三角：羚羊峽谷、錫安、布萊斯）

	行程建議	住宿建議
Day 1	洛杉磯一日遊	宿：洛杉磯東西區
Day 2	迪士尼／環球影城一日遊	宿：遊樂園附近
Day 3	拉斯維加斯（車程 4 小時）	宿：賭城
Day 4	羚羊峽谷和馬蹄灣（車程 4 小時）	宿：羚羊峽谷
Day 5	錫安國家公園（車程 2 小時）	宿：錫安
Day 6	布萊斯國家公園（車程 1.5 小時）	宿：布萊斯
Day 7	回洛杉磯（車程 7.5 小時）	宿：洛杉磯

▶ 加州深度 10 日

	行程建議	住宿建議
Day 1	洛杉磯西區一日遊	宿：洛杉磯西區
Day 2	洛杉磯東區一日遊	宿：洛杉磯東區
Day 3	迪士尼／環球影城一日遊	宿：遊樂園附近
Day 4	開車至死亡谷（車程 4.5 小時）	宿：死亡谷
Day 5	開車至優勝美地（車程 5 小時）	宿：優勝美地
Day 6	優勝美地	宿：優勝美地
Day 7	開車至太浩湖（車程 2.5 小時）	宿：太浩湖
Day 8	開車至納帕酒莊（車程 3 小時）	宿：納帕

| Day 9 | 開車經過柏克萊東灣後回舊金山市區 | 宿：舊金山 |
| Day 10 | 舊金山市區、谷哥旗艦店、史丹佛大學 | 宿：舊金山或南灣 |

※14天行程，可加入蒙特利灣和原石灘（1天）、大索爾和赫式城堡（1天）、聖塔芭芭拉和丹麥村（1天）、剛好開一圈回洛杉磯再玩遊樂園（1天）。
或在 Day 3 和 4 中間加入兩天遊樂園（2天）和聖地牙哥（2天）、。

▶ 四大洲壯遊 10 日

	行程建議	住宿建議
Day 1	洛杉磯西區一日遊	宿：洛杉磯西區
Day 2	洛杉磯東區一日遊	宿：洛杉磯東區
Day 3	拉斯維加斯（車程 4 小時）	宿：賭城
Day 4	大峽谷（車程 4 小時）	宿：大峽谷
Day 5	大峽谷	宿：大峽谷
Day 6	羚羊峽谷和馬蹄灣（車程 2 小時）	宿：羚羊峽谷
Day 7	錫安（車程 2 小時）	宿：錫安
Day 8	錫安	宿：錫安
Day 9	布萊斯（車程 1.5 小時）	宿：布萊斯
Day 10	回洛杉磯（車程 7.5 小時）	宿：洛杉磯

※14 天行程，可加入內陸帝國 1～2 個景點（2天），外加迪士尼和環球影城（2天）。

美國人帶路，美西即刻出發！／ Dr. Phoebe 著 . -- 初版 . – 臺北市：時報文化，2023.12；240 面；17╳23 公分 . -- （ACROSS；077）

ISBN 978-626-374-521-6（平裝）

1.CST: 旅遊 2.CST: 美國

752.9   112017675

ISBN 978-626-374-521-6

Printed in Taiwan.

ACROSS 077
美國人帶路，美西即刻出發！

作者—Dr. Phoebe｜主編—尹蘊雯｜執行企劃—吳美瑤｜美術設計—FE 設計｜副總編—邱憶伶｜董事長—趙政岷｜出版者—時報文化出版企業股份有限公司 108019 臺北市和平西路三段 240 號 3 樓 發行專線—（02）2306-6842 讀者服務專線—0800-231-705・（02）2304-7103 讀者服務傳真—（02）2304-6858 郵撥—19344724 時報文化出版公司 信箱—10899 臺北華江橋郵局第 99 信箱 時報悅讀網—www.readingtimes.com.tw 電子郵件信箱—newlife@readingtimes.com.tw 時報出版愛讀者—www.facebook.com/readingtimes.2 ｜ 法律顧問—理律法律事務所 陳長文律師、李念祖律師｜印刷—華展印刷有限公司 ｜ 初版一刷—2023 年 12 月 15 日 ｜ 定價—新臺幣 520 元 ｜ （缺頁或破損的書，請寄回更換）

時報文化出版公司成立於一九七五年，並於一九九九年股票上櫃公開發行，於二○○八年脫離中時集團非屬旺中，以「尊重智慧與創意的文化事業」為信念。